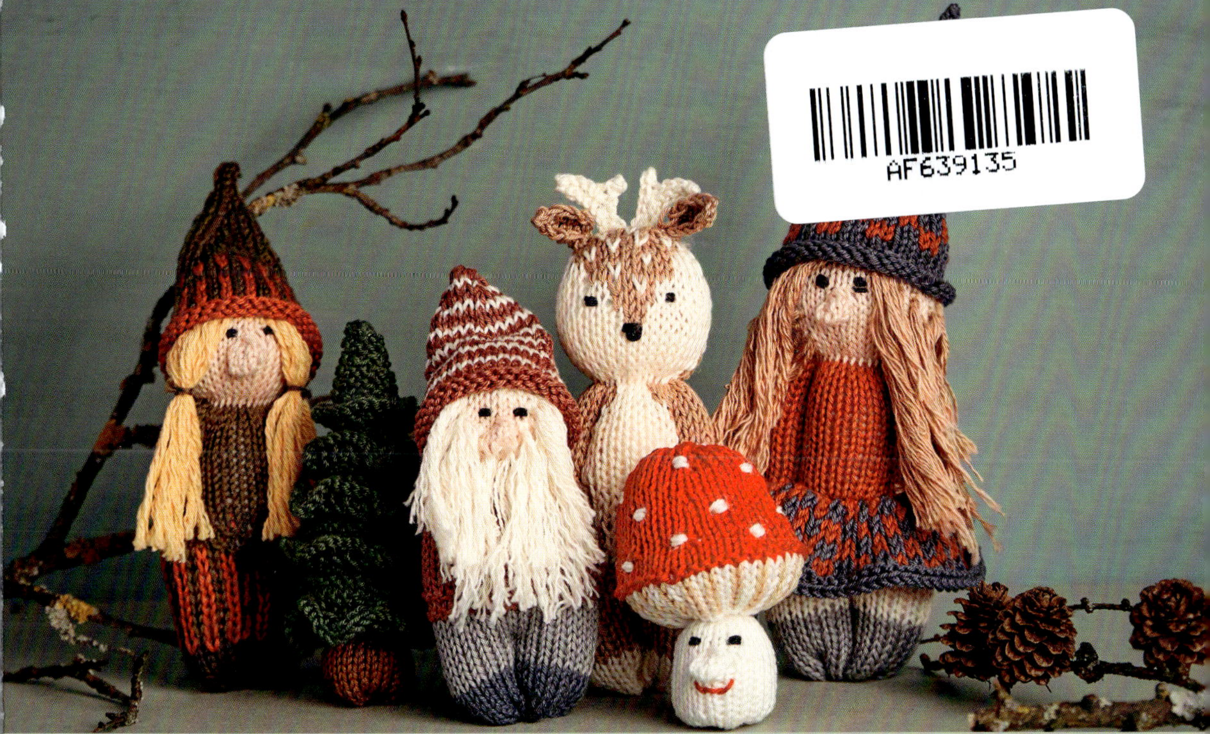

Süß, klein und in aller Munde! Die kleinen Strick-Lieblinge mit wichteligen Motiven sind schnell gestrickt und noch schneller in Ihrem Herzen. Ob als Geschenkidee zu Weihnachten, als selbst gemachtes Mitbringsel oder einfach zum Kuscheln für kleine und große Wichtelfreunde, für jeden ist etwas dabei. Die Auswahl ist groß: Entdecken und stricken Sie bärtige Wichtel mit Knollennasen, Tannen- und Weihnachts-Wichtel, einen Tannenbaum und andere Wichtelwald-Bewohner.
Eins haben sie alle gemeinsam: Sie sind an einem Stück gestrickt und garantiert ein großartiger Strickspaß für kalte Tage im Winter. Eine detaillierte Basisanleitung zeigt Schritt für Schritt, wie die Püppchen gearbeitet werden – so können auch Strickanfänger ganz leicht ihren Strick-Liebling nacharbeiten.
Also nichts wie ran an die Nadeln!

Basisanleitung

Die Stricklieblinge werden alle von unten nach oben, wahlweise in Runden oder Reihen gestrickt. Man beginnt mit den Schuhen, strickt dann nacheinander das Unter-, dann das Oberteil und den Kopf mit Gesicht und Haaren und zum Schluss wird für die Kopfform abgenommen. Der eigentliche Körper wird durch einfaches Abbinden und Abnähen geformt.

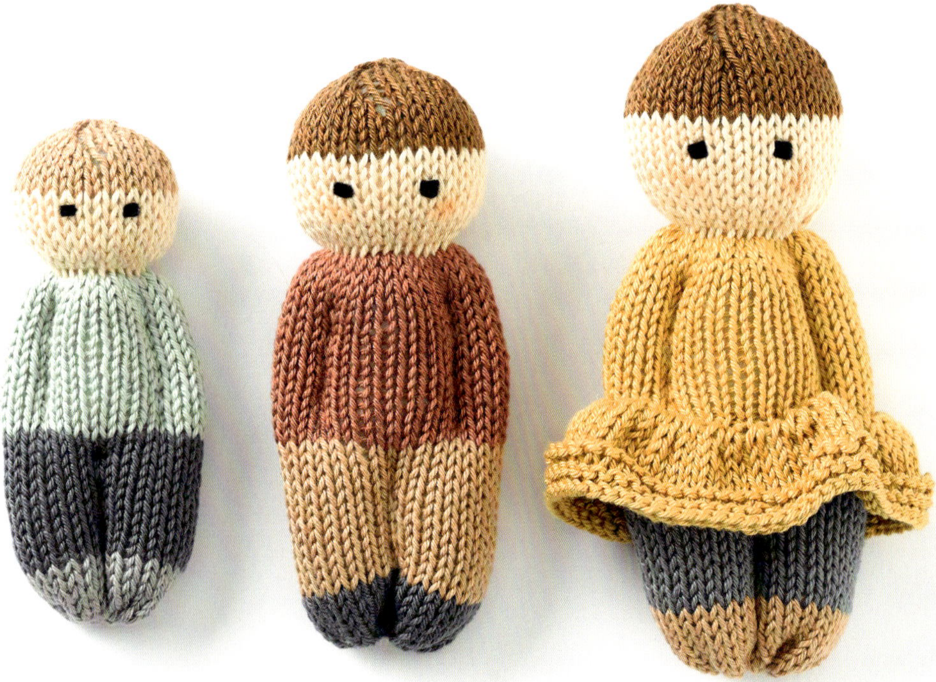

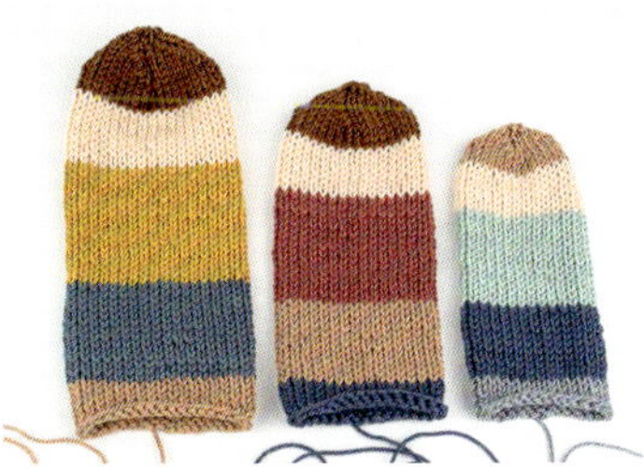

Alle Maschen- und Reihen-/Runden-angaben für die Basisanleitung sind der Tabelle auf dem Umschlag zu entnehmen.

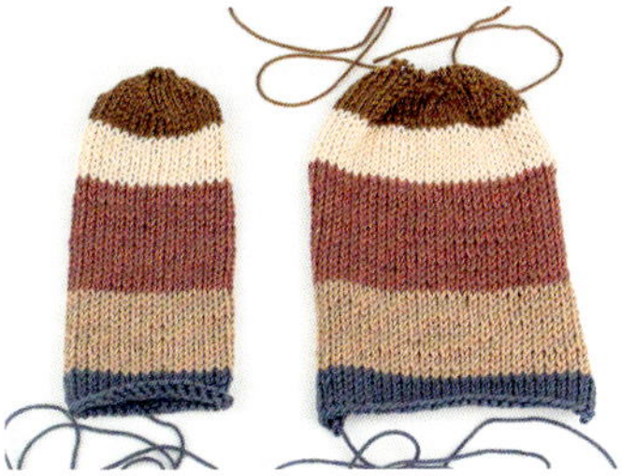

Die Püppchen können wahlweise in Runden oder Reihen gearbeitet werden. Die jeweiligen Maschenzahlen sind in den Anleitungen, wenn nicht gesondert vermerkt, für das Arbeiten in Runden angegeben.
Beim Arbeiten in Reihen den Rand als Nahtrand arbeiten (= die erste und letzte Masche in jeder Hinreihe rechts und in jeder Rückreihe links stricken).

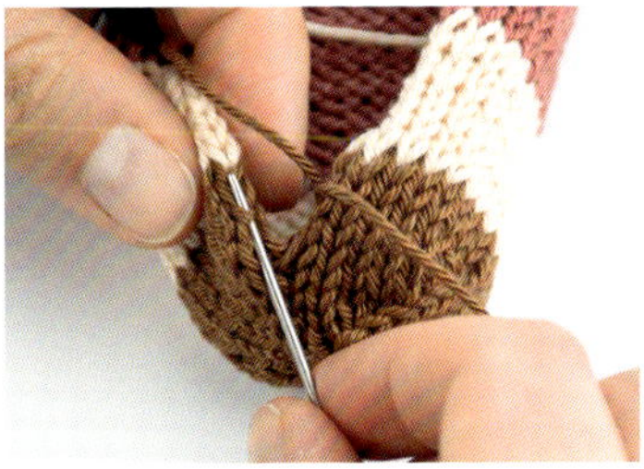

Beim Arbeiten in Reihen den Faden, der zum Schluss durch die restlichen Maschen gezogen wird, mindestens 30-40 cm lang lassen und damit die Naht im Matratzenstich schließen. Dafür jeweils abwechselnd den Querfaden zwischen der ersten und zweiten bzw. der letzten und vorletzten Masche jeder Reihe auffassen und so die Naht schließen.

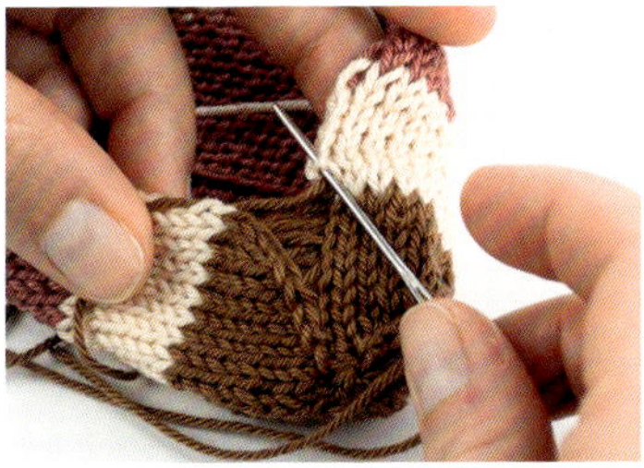

Die Andersfarbigkeit des Fadens ist nach dem Festziehen nicht mehr sichtbar.

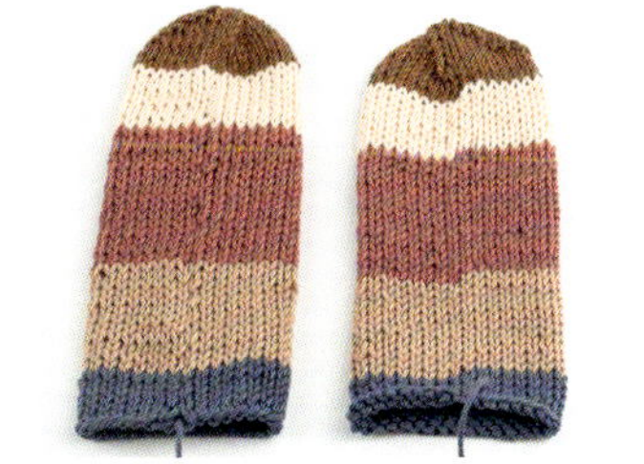

Nach dem Zusammennähen sehen beide Püppchen gleich aus. Die hintere Mitte bildet bei der in Reihen gestrickten Puppe die Naht, bei der in Runden gestrickten der kleine Versatz des Farbwechsels.

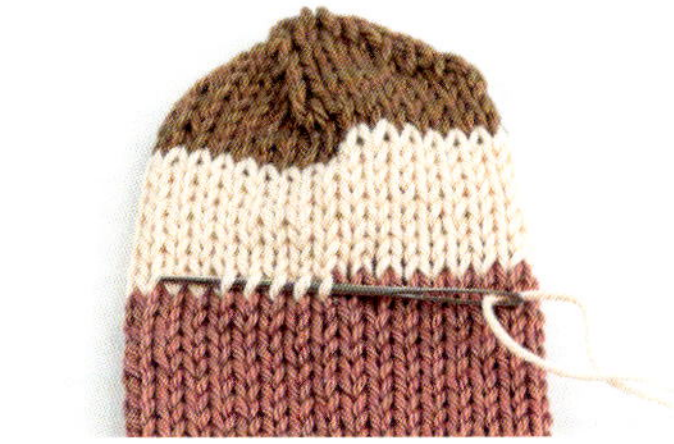

Um den Kopf zu markieren, einen ca. 30-40 cm langen Faden in der Farbe des Gesichts, beginnend in der hinteren Mitte, durch jeweils ein Maschenglied der 1. Runde/Reihe des Gesichts ziehen.

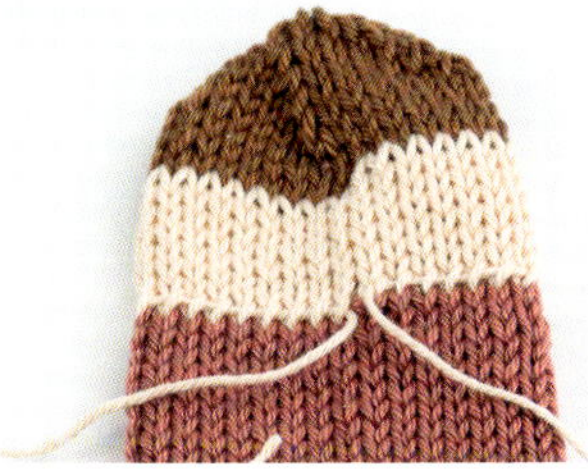

Danach den Kopf mit Füllwatte ausstopfen und in Form bringen. Den Faden verknoten, jedoch nicht abschneiden. Er wird später zum Abnähen der Arme verwendet.

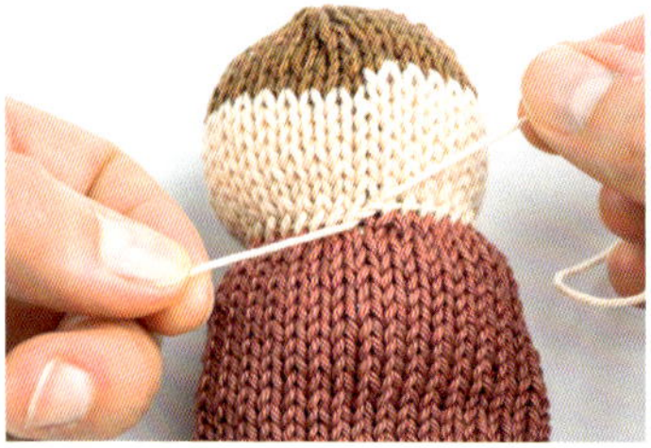

Den Anschlagfaden durch die Anschlagreihe fädeln.

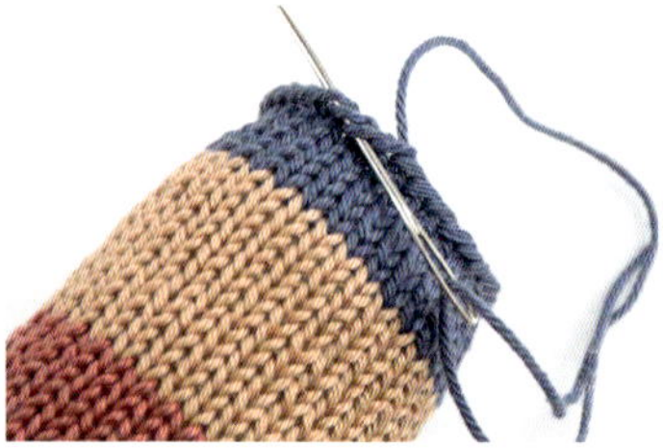

Den Körper mit Füllwatte ausstopfen und die untere Öffnung der Puppe zusammenziehen. Den Faden nicht abschneiden, er wird noch zum Abnähen der Beine benötigt.

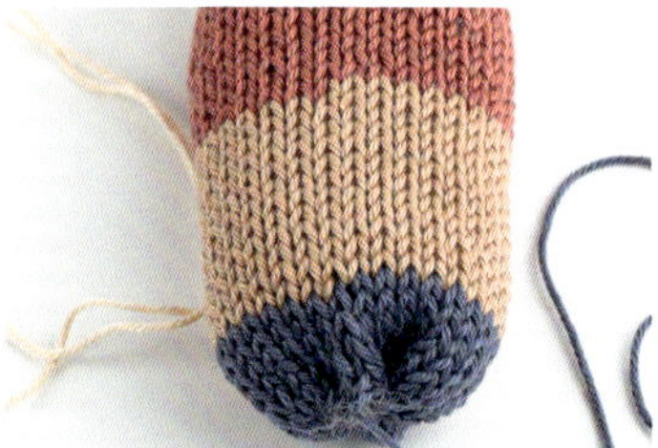

Zum Abnähen der Beine den Anschlagfaden in der 1. Runde/Reihe der Schuhe von der hinteren zur vorderen Mitte durchstechen.

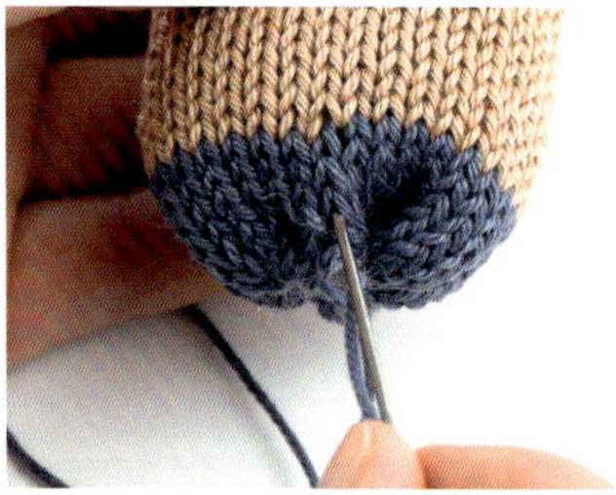

Auf diese Weise Reihe für Reihe bis zum Beginn des Oberteils die Beine andeuten. Den Faden noch nicht festziehen, er dient zur Orientierung beim Abnähen.

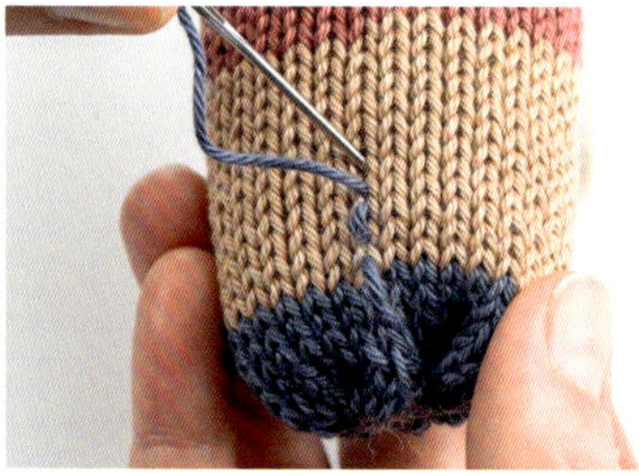

Zum Schluss den Faden festziehen und vernähen.

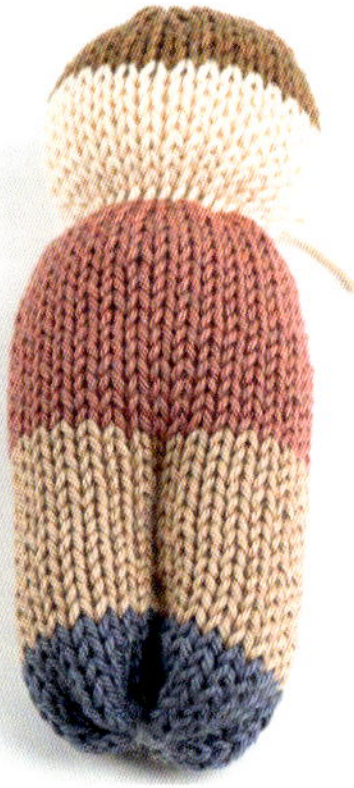

Für den ersten Arm einen der beiden Fäden vom Kopf in die hintere Mitte einstechen …

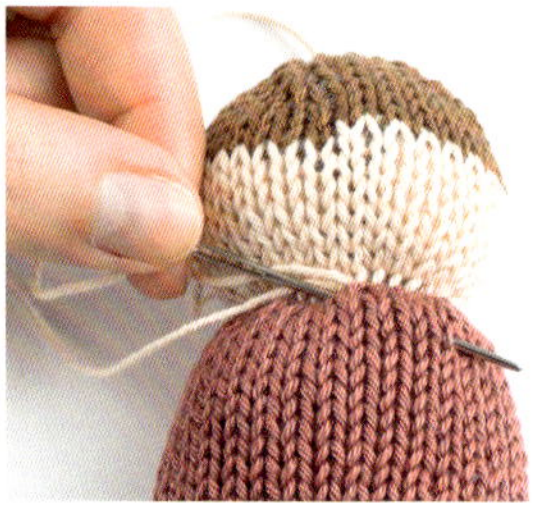

… und nach der in der Tabelle angegebenen Anzahl von Maschen und Runden/Reihen die Nadel wieder ausstechen.

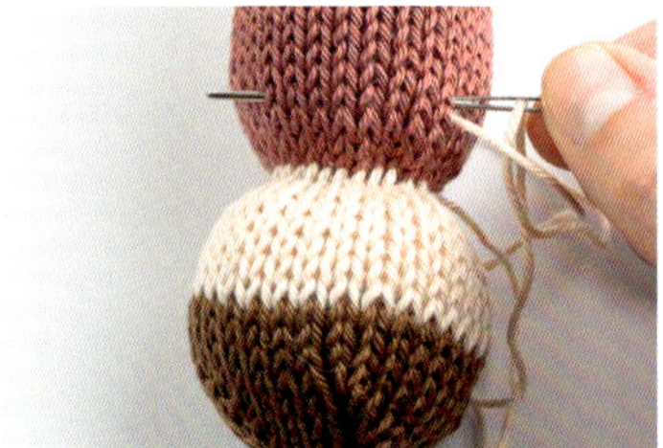

Zum Abnähen der Arme nach einer weiteren Reihe die Nadel wieder einstechen und nach der in der Tabelle angegebenen Maschenzahl wieder ausstechen. Auf diese Weise weiter bis zum Beginn der Hose nähen, dabei den Faden erst zum Schluss festziehen. Den anderen Arm ebenso abnähen.

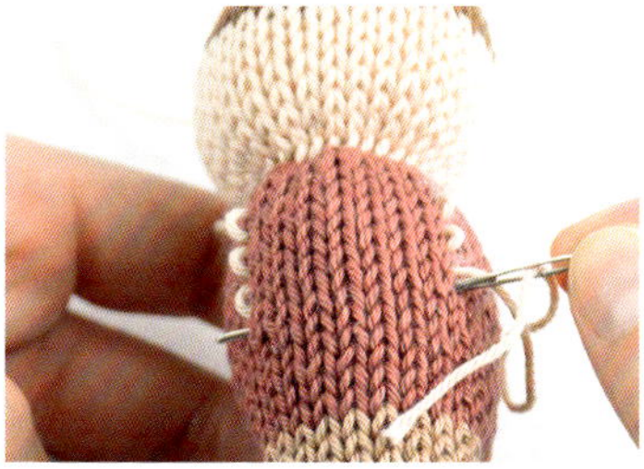

Die beiden Fäden jeweils vernähen und abschneiden.

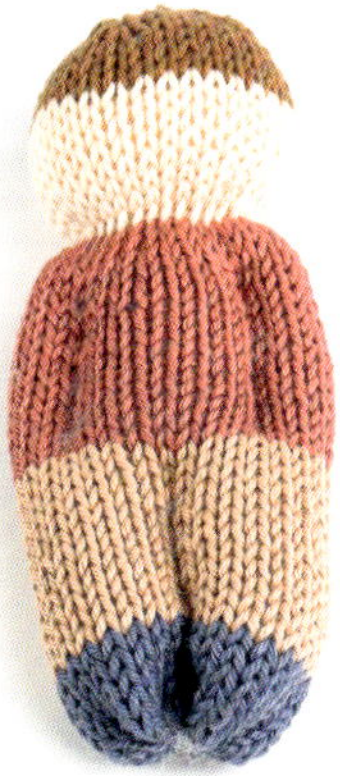

Die Augen jeweils in Schwarz aufsticken. Dafür den Faden 3x durch eine Masche ziehen.

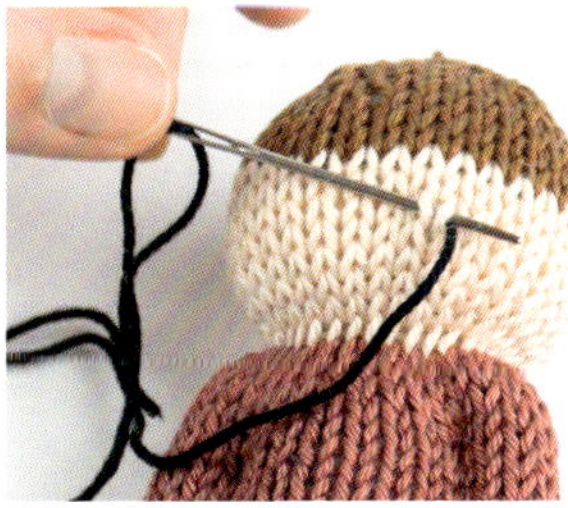

Das zweite Auge ebenso arbeiten.

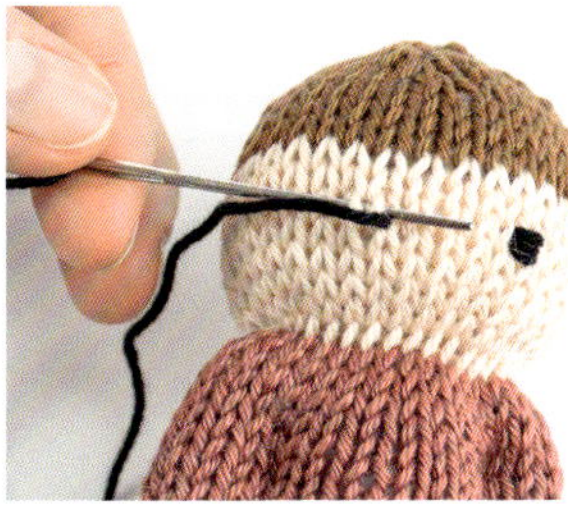

Die Wangen nach Belieben mit einem Wattestäbchen und etwas Rouge oder Puder andeuten.

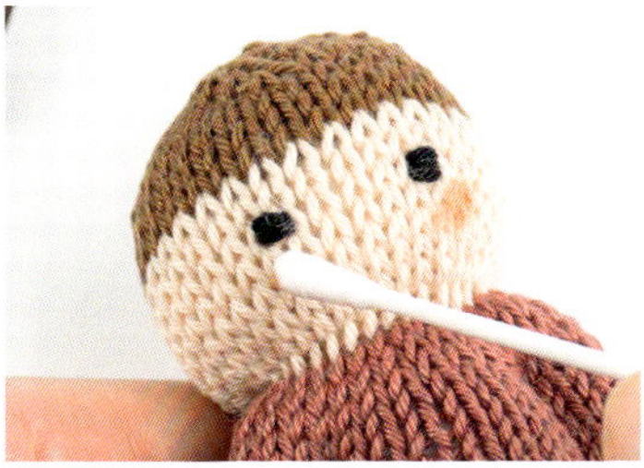

Um Details, wie einen Rock, Ohren oder eine Hutkrempe, an den Körper zu arbeiten, die Nadelspielnadeln nacheinander durch ein Maschenglied der in der Anleitung angegebenen Runde/Reihe des Gestricks ziehen.

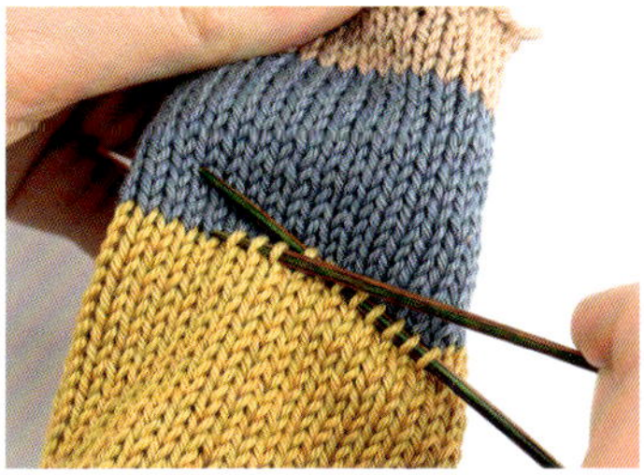

Weiter für das gewünschte Teil wie in der Anleitung angegeben in Reihen oder Runden weiterstricken.

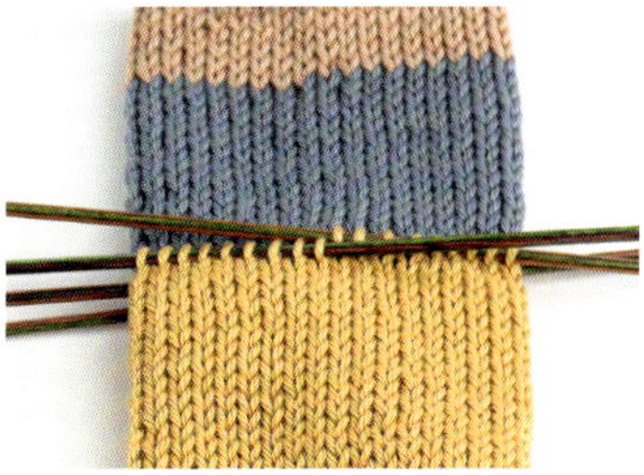

Hinweis: **Beim Arbeiten in Reihen kann der Rock vor dem Zusammennähen der Puppe auf die gleiche Weise gearbeitet werden. Er wird dann lediglich in Reihen statt in Runden gestrickt. Das Zusammennähen des Rocks erfolgt auf die gleiche Art wie das Zusammennähen des Körpers.**

Finn

Bartträger, schon bevor es Trend war

GRÖSSE
ca. 18 cm

MATERIAL

- Schachenmayr Catania (LL 125 m/50 g) in Graphit (Fb 393), Rauchgrau (Fb 435), Marsalarot (Fb 396), Ivory (Fb 436), Natur (Fb 105) und Schwarz (Fb 110), Reste
- Nadelspiel 3,0 mm
- Häkelnadel in ähnlicher Stärke
- Füllwatte zum Ausstopfen
- Wollnadel zum Vernähen

MASCHENPROBE
Glatt rechts
mit Nd 3,0 mm
26 M und 36 Rd
= 10 cm x 10 cm

Glatt rechts

In Rd alle M rechts str.

Kraus rechts

In Rd 1 Rd rechte M, 1 Rd linke M im Wechsel str.

1 Masche linksgeneigt zunehmen

Mit der linken Nd von vorne unter dem Querfaden zwischen 2 M einstechen und diesen auf die Nd heben, so entsteht auf der linken Nd eine neue M. Diese M rechts verschränkt str.

1 Noppe

Aus der nächsten M 1 M rechts, 1 M rechts verschränkt, 1 M rechts, 1 M rechts verschränkt, 1 M rechts herausstr. Die Arbeit wenden. 5 M links, wenden, 5 M rechts, wenden, 5 M links, wenden, 5 M rechts str. Dann nacheinander die 2., 3., 4. und 5. M über die 1. M ziehen.

Anleitung

Körper

In Graphit 32 M anschl, gleichmäßig auf 4 Spielnd verteilen (= 8 M je Nd) und zur Rd schließen.

Schuhe

1.-5. Rd: Glatt rechts str.

Hose

6.-13. Rd (Rauchgrau): Glatt rechts str.

Pulli

14.-17. Rd (Marsalarot): Kraus rechts str.

18.-32. Rd: Glatt rechts str.

Gesicht

33.-37. Rd (Ivory): Glatt rechts str.

38. Rd: 16 M rechts, 1 M linksgeneigt zunehmen, 16 M rechts (= 33 M).

39. Rd: 16 M rechts, 1 Noppe (= Nase), 16 M rechts.

40. Rd: Die 16. mit der 17. M rechts zusammenstr (= 32 M).

41.+42. Rd: Glatt rechts str.

Haare

43.+44. Rd (Natur): Glatt rechts str.

45. Rd: 4x jede 7. und. 8. M rechts zusammenstr (= 28 M).

46. Rd: 4x jede 6. und. 7. M rechts zusammenstr (= 24 M).

47. Rd: 4x jede 5. und. 6. M rechts zusammenstr (= 20 M).

48. Rd: 4x jede 4. und. 5. M rechts zusammenstr (= 16 M).

49. Rd: 4x jede 3. und. 4. M rechts zusammenstr (= 12 M).

50. Rd: 4x jede 2. und. 3. M rechts zusammenstr (= 8 M).

Den Faden abschneiden und durch die restlichen M ziehen.

Mütze

In Marsalarot 34 M anschl, gleichmäßig auf 4 Spielnd verteilen (= 8-9-8-9 M je Nd) und zur Rd schließen.

1.-8. Rd: Glatt rechts str.

9. Rd: Jede 16. und 17. M rechts zusammenstr (= 32 M).

10. Rd (Natur): Glatt rechts str.

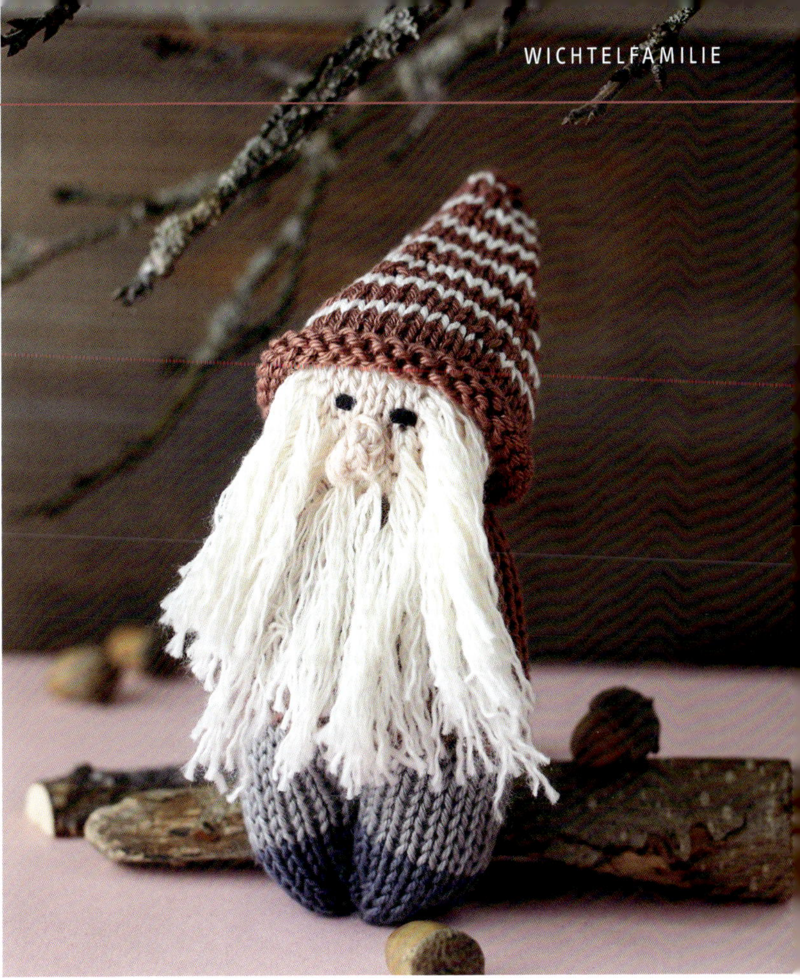

11.+12. Rd (Marsalarot): Glatt rechts str.
13. Rd (Natur): 4x jede 7. und 8. M rechts zusammenstr (= 28 M).
14.+15. Rd (Marsalarot): Glatt rechts str.
16. Rd (Natur): 4x jede 6. und 7. M rechts zusammenstr (= 24 M).
17.+18. Rd (Marsalarot): Glatt rechts str.
19. Rd (Natur): 4x jede 5. und 6. M rechts zusammenstr (= 20 M).
20.+21. Rd (Marsalarot): Glatt rechts str.
22. Rd (Natur): 4x jede 4. und 5. M rechts zusammenstr (= 16 M).
23.+24. Rd (Marsalarot): Glatt rechts str.
25. Rd (Natur): 4x jede 3. und 4. M rechts zusammenstr (= 12 M).
26.+27. Rd (Marsalarot): Glatt rechts str.
28. Rd (Natur): 4x jede 2. und 3. M rechts zusammenstr (= 8 M).
29.+30. Rd (Marsalarot): Glatt rechts str.
31. Rd: Jeweils 2 M rechts zusammenstr (=4 M).
Den Faden abschneiden und durch die restlichen M nach innen ziehen.

Fertigstellen

Siehe auch Basisanleitung Seite 2-5. Bis auf den Anschlagfaden alle Fäden vernähen. Den Kopf in der 33. Rd in Ivory abbinden, vor dem Festziehen den Kopf mit Füllwatte ausstopfen. Die Fäden nicht abschneiden, sie werden noch zum Abnähen der Arme benötigt. Den Körper ausstopfen und mit dem Anschlagfaden die untere Öffnung schließen. Den Faden nicht abschneiden, sondern mittig bis zum Beginn des Oberteils die Beine markieren. Mit dem Abbindefaden des Kopfes seitlich des Körpers die Arme abnähen, dabei von der hinteren Mitte aus die M wie folgt einteilen: 4 M für die erste Hälfte des Rückenteils, 8 M für den ersten Ärmel, 8 M für das Vorderteil, 8 M für den zweiten Ärmel und 4 M für die zweite Hälfte des Rückenteils. Die Arme von der drittletzten Rd des Oberteils bis zu den kraus rechts gestrickten Rd abnähen. Die Augen in Schwarz mittig in die vorletzte Rd des Gesichts mit 2 M Abstand aufsticken.
Für den Bart in Natur je Kopf-/Gesichtsseite 20 ca. 13 cm lange Fäden abschneiden. Mit einer Häkelnd die Fäden gleichmäßig verteilt im Gesicht und an der Seite des Kopfes einknüpfen und anschließend entzwirnen.

Marte und Janne

Mama und Tochter wie Pech und Schwefel

GRÖSSE

Marte mit dem Rock: ca. 26 cm
Janne mit den Zöpfen: ca. 21 cm

MATERIAL

- Nadelspiel 3,0 mm
- Häkelnadel in ähnlicher Stärke
- Füllwatte zum Ausstopfen
- Wollnadel zum Vernähen

MARTE

- Schachenmayr Catania (LL 125 m/50 g) in Rauchgrau (Fb 435), Graphit (Fb 393), Terracotta (Fb 388), Ivory (Fb 436), Natur (Fb 105), Sun-Kissed (Fb 437) und Schwarz (Fb 110), Reste

JANNE

- Schachenmayr Catania (LL 125 m/50 g) in Zartbitter (Fb 415), Terracotta (Fb 388), Camouflage (Fb 414), Honig (Fb 206), Ivory (Fb 436) und Schwarz (Fb 110), Reste

MASCHENPROBE

Glatt rechts mit Nd 3,0 mm
26 M und 36 Rd= 10 cm x 10 cm

Glatt rechts

In Rd alle M rechts str.

Kraus rechts

In Rd 1 Rd rechte M, 1 Rd linke M im Wechsel str.

1 Masche linksgeneigt zunehmen

Mit der linken Nd von vorne unter dem Querfaden zwischen 2 M einstechen und diesen auf die Nd heben, so entsteht auf der linken Nd eine neue M. Diese M rechts verschränkt str.

1 Noppe

Aus der nächsten M 1 M rechts, 1 M rechts verschränkt, 1 M rechts, 1 M rechts verschränkt, 1 M rechts heraus-str. Die Arbeit wenden. 5 M links, wenden, 5 M rechts, wenden, 5 M links, wenden, 5 M rechts str. Dann nacheinander die 2., 3., 4. und 5. M über die 1. M ziehen.

I-Cord

4 M rechts str. * Die Arbeit nicht wenden, sondern die M an das andere Ende der Nd schieben. Der Arbeitsfaden liegt hinter der 4. M, den Faden wieder an den R-Anfang holen und die 4 M erneut rechts str, dabei nach der 1. M den Arbeitsfaden fest anziehen. Ab * fortlaufend wdh.

Marte

Körper

In Rauchgrau 36 M anschl, gleichmäßig auf 4 Spielnd verteilen (= 9 M je Nd) und zur Rd schließen.

Schuhe

1.-8. Rd: Glatt rechts str.

Socken

9.-11. Rd (Natur): Glatt rechts str.

Beine

12.-19. Rd (Ivory): Glatt rechts str.

Oberteil

20.-40. Rd (Terracotta): Glatt rechts str.

Gesicht

41.-46. Rd (Ivory): Glatt rechts str.
47. Rd: 18 M rechts, 1 M linksgeneigt zunehmen, 18 M rechts (= 37 M).
48. Rd: 18 M rechts, 1 Noppe (= Nase), 18 M rechts.
49. Rd: Die 18. mit der 19. M rechts zusammenstr (= 36 M).
50.+51. Rd: Glatt rechts str.

Haare

52.-55. Rd (Sun-Kissed): Glatt rechts str.
56. Rd: 4x jede 8. und 9. M rechts zusammenstr (= 32 M).
57. Rd: 4x jede 7. und. 8. M rechts zusammenstr (= 28 M).
58. Rd: 4x jede 6. und. 7. M rechts zusammenstr (= 24 M).

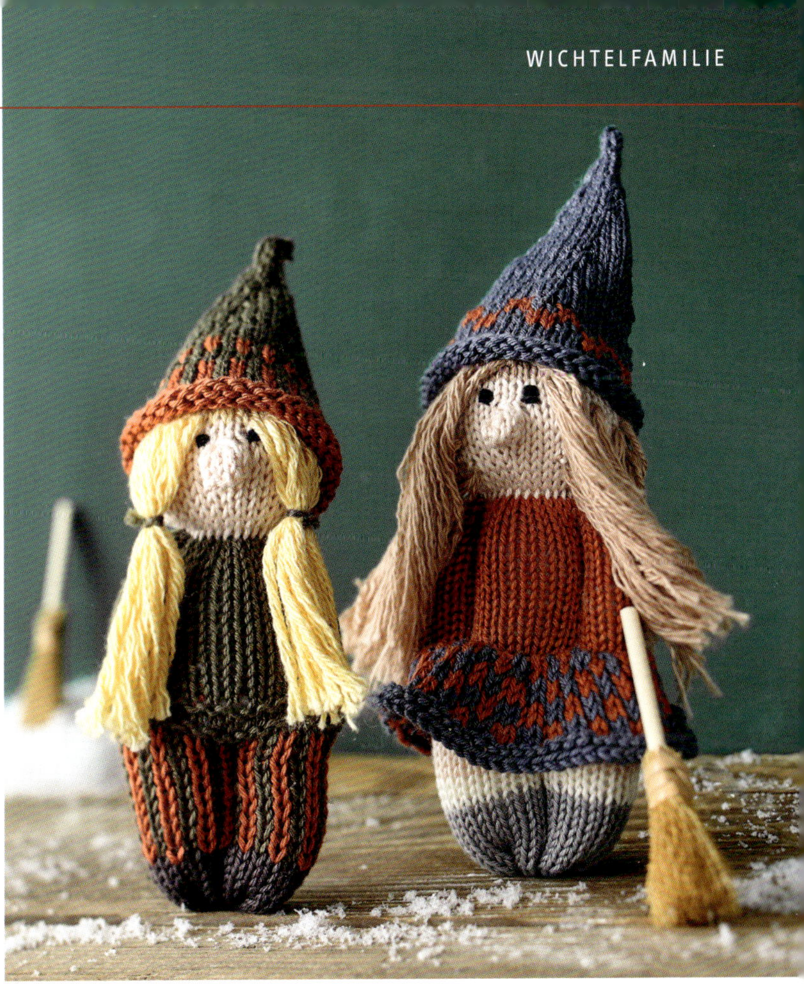

59. Rd: 4x jede 5. und. 6. M rechts zusammenstr (= 20 M).
60. Rd: 4x jede 4. und. 5. M rechts zusammenstr (= 16 M).
61. Rd: 4x jede 3. und. 4. M rechts zusammenstr (= 12 M).
62. Rd: 4x jede 2. und. 3. M rechts zusammenstr (= 8 M).
Den Faden abschneiden und durch die restlichen M ziehen.

Rock

Durch die 4. Rd des Oberteils nacheinander die 4 Spielnd schieben (siehe Basisanleitung, Seite 5) und in Rd str (= 36 M). Den Rd-Anfang bildet die hintere Mitte.
1. Rd (Terracotta): Rechte M str.
2. Rd: Jede M verdoppeln, dabei glatt rechts in Jacquardtechnik 2 M in Terracotta und 2 M in Graphit im Wechsel str (= 72 M).
3. Rd: Glatt rechts in Jacquardtechnik 2 M in Terracotta und 2 M in Graphit im Wechsel str.
4.+5. Rd: Glatt rechts in Jacquardtechnik 2 M in Graphit und 2 M in Terracotta im Wechsel str.
6.+7. Rd: 2x die 3. Rd wdh.
8.+9. Rd: Die 4.+5. Rd wdh.
10.+11. Rd (Graphit): Kraus rechts str.
12. Rd: Rechte M str und dabei alle M abk.

Mütze

In Graphit 38 M anschl, gleichmäßig auf 4 Spielnd verteilen (= 9-10-9-10 M je Nd) und zur Rd schließen.
1.-7. Rd: Glatt rechts str.
8. Rd: Jede 18. und 19. M rechts zusammenstr (= 36 M).
9.+10. Rd: Glatt rechts in Jacquardtechnik 2 M in Graphit und 2 M in Terracotta im Wechsel str.
11.+12. Rd: Glatt rechts in Jacquardtechnik 2 M in Terracotta und 2 M in Graphit im Wechsel str.
13. Rd (Graphit): Glatt rechts str.
14. Rd: 4x jede 8. und 9. M rechts zusammenstr (= 32 M).
15.-17. Rd: Glatt rechts str.
18. Rd: 4x jede 7. und 8. M rechts zusammenstr (= 28 M).
19.-21. Rd: Glatt rechts str.
22. Rd: 4x jede 6. und 7. M rechts zusammenstr (= 24 M).
23.-25. Rd: Glatt rechts str.

... weiter geht es auf Seite 110

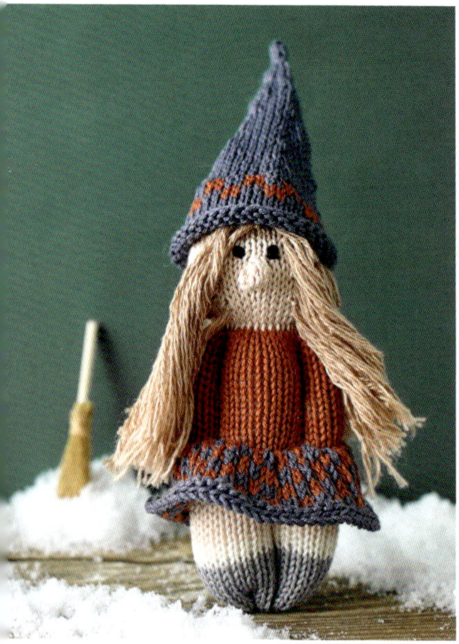

26. Rd: 4x jede 5. und 6. M rechts zusammenstr (= 20 M).
27.-29. Rd: Glatt rechts str.
30. Rd: 4x jede 4. und 5. M rechts zusammenstr (= 16 M).
31.-33. Rd: Glatt rechts str.
34. Rd: 4x jede 3. und 4. M rechts zusammenstr (= 12 M).
35.-37. Rd: Glatt rechts str.
38. Rd: 4x jede 2. und 3. M rechts zusammenstr (= 8 M).
39.-41. Rd (Terracotta): Glatt rechts str.
42. Rd: 4x 2 M rechts zusammenstr (= 4 M) und auf 1 Spielnd heben.
43.-46. Rd: I-Cord str.
47. Rd: 2x 2 M rechts zusammenstr, die M zurück an den Nd-Anfang schieben, 2 M rechts zusammenstr. Den Faden abschneiden und durch die letzte M nach innen ziehen.

Fertigstellen

Siehe auch Basisanleitung Seite 2-5. Bis auf den Anschlagfaden alle Fäden vernähen. Den Kopf in der 1. Rd des Gesichts in Ivory abbinden, vor dem Festziehen den Kopf mit Füllwatte ausstopfen. Die Fäden nicht abschneiden, sie werden noch zum Abnähen der Arme benötigt. Den Körper ausstopfen und mit dem Anschlagfaden die untere Öffnung schließen. Den Faden nicht abschneiden, sondern mittig bis zum Beginn des Oberteils die Beine markieren. Mit dem Abbindefaden des Kopfes seitlich des Körpers die Arme abnähen, dabei von der hinteren Mitte aus die M wie folgt einteilen: 4,5 M für die erste Hälfte des Rückenteils, 9 M für den ersten Ärmel, 9 M für das Vorderteil, 9 M für den zweiten Ärmel und 4,5 M für die zweite Hälfte des Rückenteils. Die Arme von der drittletzten Rd des Oberteils bis zum Beginn des Rocks abnähen. Die Augen in Schwarz mittig in die vorletzte Rd des Gesichts mit 2 M Abstand aufsticken.
Für die Haare in Natur je Kopfseite 40 ca. 20 cm lange Fäden abschneiden. Mit einer Häkelnd die Fäden gleichmäßig verteilt rund um den Kopf einknüpfen und anschließend entzwirnen. Die Fäden auf die gewünschte Länge kürzen.

Janne

Körper

In Zartbitter 32 M anschl, gleichmäßig auf 4 Spielnd verteilen (= 8 M je Nd) und zur Rd schließen.

Schuhe

1.-5. Rd: Glatt rechts str.

Hose

6.-14. Rd: In Jacquardtechnik 1 M rechts in Terracotta, 1 M rechts in Camouflage im Wechsel str.

Pulli

15.-18. Rd (Camouflage): Kraus rechts str.
19.-33. Rd: Glatt rechts str.

Gesicht

34.-38. Rd (Ivory): Glatt rechts str.
39. Rd: 16 M rechts, 1 M linksgeneigt zunehmen, 16 M rechts (= 33 M).
40. Rd: 16 M rechts, 1 Noppe (= Nase), 16 M rechts.
41. Rd: Die 16. und 17. M rechts zusammenstr (= 32 M).
42.+43. Rd: Glatt rechts str.

Haare

44.+45. Rd (Honig): Glatt rechts str.
46. Rd: 4x jede 7. und. 8. M rechts zusammenstr (= 28 M).
47. Rd: 4x jede 6. und. 7. M rechts zusammenstr (= 24 M).
48. Rd: 4x jede 5. und. 6. M rechts zusammenstr (= 20 M).

49. Rd: 4x jede 4. und. 5. M rechts zusammenstr (= 16 M).
50. Rd: 4x jede 3. und. 4. M rechts zusammenstr (= 12 M).
51. Rd: 4x jede 2. und. 3. M rechts zusammenstr (= 8 M).
Den Faden abschneiden und durch die restlichen M ziehen.

Mütze

In Terracotta 34 M anschl, gleichmäßig auf 4 Spielnd verteilen (= 8-9-8-9 M je Nd) und zur Rd schließen.
1.-4. Rd: Glatt rechts str.
5.-8. Rd: In Jacquardtechnik 1 M rechts in Terracotta, 1 M rechts in Camouflage im Wechsel str.
9. Rd (Camouflage): Glatt rechts str.
10. Rd: 2x jede 16. und 17. M rechts zusammenstr (= 32 M).
11.+12. Rd: In Jacquardtechnik 1 M rechts in Terracotta, 1 M rechts in Camouflage im Wechsel str.
13. Rd (Camouflage): Glatt rechts str.
14. Rd: 4x jede 7. und 8. M rechts zusammenstr (= 28 M).
15.+16. Rd: Glatt rechts str.
17. Rd: 4x jede 6. und 7. M rechts zusammenstr (= 24 M).
18.+19. Rd: Glatt rechts str.
20. Rd: 4x jede 5. und 6. M rechts zusammenstr (= 20 M).
21.+22. Rd: Glatt rechts str.
23. Rd: 4x jede 4. und 5. M rechts zusammenstr (= 16 M).
24.+25. Rd: Glatt rechts str.
26. Rd: 4x jede 3. und 4. M rechts zusammenstr (= 12 M).
27.+28. Rd: Glatt rechts str.
29. Rd: 4x jede 2. und 3. M rechts zusammenstr (= 8 M).
30.+31. Rd: Glatt rechts str.
32. Rd: Jeweils 2 M rechts zusammenstr (= 4 M).
Jeweils 2 M auf eine Spielnd heben.
33.+34. Rd: Glatt rechts str.
Den Faden abschneiden und durch die restlichen M nach innen ziehen.

Fertigstellen

Siehe auch Basisanleitung Seite 2-5.
Bis auf den Anschlagfaden alle Fäden vernähen. Den Kopf in der 34. Rd in Ivory abbinden, vor dem Festziehen den Kopf mit Füllwatte ausstopfen. Die Fäden nicht abschneiden, sie werden noch zum Abnähen der Arme benötigt. Den Körper ausstopfen und mit dem Anschlagfaden die untere Öffnung schließen. Den Faden nicht abschneiden, sondern mittig bis zum Beginn des Oberteils Beine markieren. Mit dem Abbindefaden des Kopfes seitlich des Körpers die Arme abnähen, dabei von der hinteren Mitte aus die M wie folgt einteilen: 4 M für die erste Hälfte des Rückenteils, 8 M für den ersten Ärmel, 8 M für das Vorderteil, 8 M für den zweiten Ärmel und 4 M für die zweite Hälfte des Rückenteils. Die Arme von der drittletzten Rd des Oberteils bis zu den kraus rechts gestrickten Rd abnähen.
Die Augen in Schwarz mittig in die vorletzte Rd des Gesichts mit 2 M Abstand aufsticken.
Für die Haare in Honig je Seite 14 ca. 20 cm lange Fäden abschneiden und entzwirnen. Mit einer Häkelnd jeweils 2 Fäden in die 1. Rd der Haare mittig um die M ziehen, dabei die mittleren 3 M frei lassen. Mit jeweils 2 Fäden in Camouflage die Zöpfe auf Höhe des Halses zusammenbinden. Die Zöpfe auf eine einheitliche Länge abschneiden.

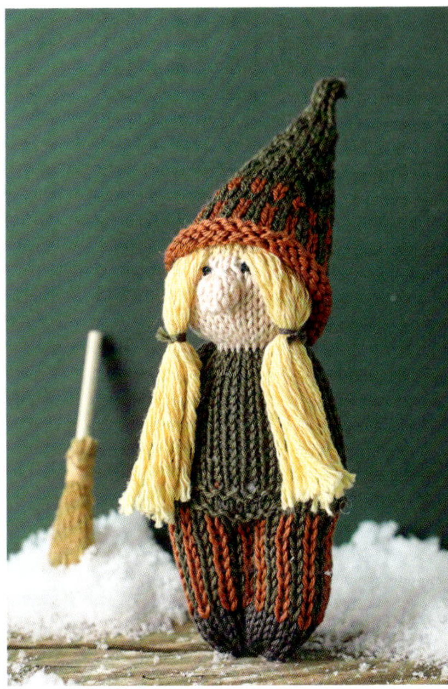

Alva und Jonte

die rechte und die linke Hand des Weihnachtsmanns

GRÖSSE

jeweils ca. 20 cm

MATERIAL

- Nadelspiel 3,0 mm
- Häkelnadel in ähnlicher Stärke
- Füllwatte zum Ausstopfen
- Wollnadel zum Vernähen

ALVA

- Schachenmayr Catania (LL 125 m/50 g) in Signalrot (Fb 115), Natur (Fb 105), Nebel (Fb 434), Soft Apricot (Fb 263) und Schwarz (Fb 110), Reste

JONTE

- Schachenmayr Catania (LL 125 m/50 g) in Signalrot (Fb 115), Natur (Fb 105), Nebel (Fb 434), Stein (Fb 242), Soft Apricot (Fb 263) und Schwarz (Fb 110), Reste

MASCHENPROBE

Glatt rechts
mit Nd 3,0 mm
26 M und 36 Rd
= 10 cm x 10 cm

Glatt rechts

In Rd alle M rechts str.

Kraus rechts

In Hin- und Rückr rechte M str, bzw. in Rd 1 Rd rechte M, 1 Rd linke M im Wechsel str.

1 Masche linksgeneigt zunehmen

Mit der linken Nd von vorne unter dem Querfaden zwischen 2 M einstechen und diesen auf die Nd heben, so entsteht auf der linken Nd eine neue M. Diese M rechts verschränkt str.

Rippenmuster

In Rd 1 M rechts, 1 M links im Wechsel str.

1 Noppe

Aus der nächsten M 1 M rechts, 1 M rechts verschränkt, 1 M rechts, 1 M rechts verschränkt, 1 M rechts herausstr. Die Arbeit wenden. 5 M links, wenden, 5 M rechts, wenden, 5 M links, wenden, 5 M rechts str. Dann nacheinander die 2., 3., 4. und 5. M über die 1. M ziehen.

Alva

Körper

In Signalrot 32 M anschl, gleichmäßig auf 4 Spielnd verteilen (= 8 M je Nd) und zur Rd schließen.

Schuhe

1.–5. Rd: Glatt rechts str.

Socken

6. Rd (Natur): Glatt rechts str.
7. Rd (Signalrot): Glatt rechts str.
8.–11. Rd: Die 6.+7. Rd 2x wdh.

Unterteil

12.–19. Rd (Soft Apricot): Glatt rechts str.
20.–22. Rd (Nebel): Glatt rechts str.

Oberteil

24.+25. Rd: Glatt rechts str.
23. Rd: In Jacquardtechnik * 2 M rechts in Nebel, 1 M rechts in Signalrot, 1 M rechts in Nebel, ab * fortlaufend wdh.
27. Rd: In Jacquardtechnik * 1 M rechts in Nebel, 3 M rechts in Signalrot, ab * fortlaufend wdh.
28. Rd: Wie die 26. Rd str.
29.–35. Rd (Nebel): Glatt rechts str.

Gesicht

36. Rd (Soft Apricot): Glatt rechts str.
37. Rd: 16 M rechts, 1 M linksgeneigt zunehmen, 16 M rechts (= 33 M).
38. Rd: 16 M rechts, 1 Noppe (= Nase), 16 M rechts.
39. Rd: Die 16. mit der 17. M rechts zusammenstr (= 32 M).
40. Rd: Glatt rechts str.

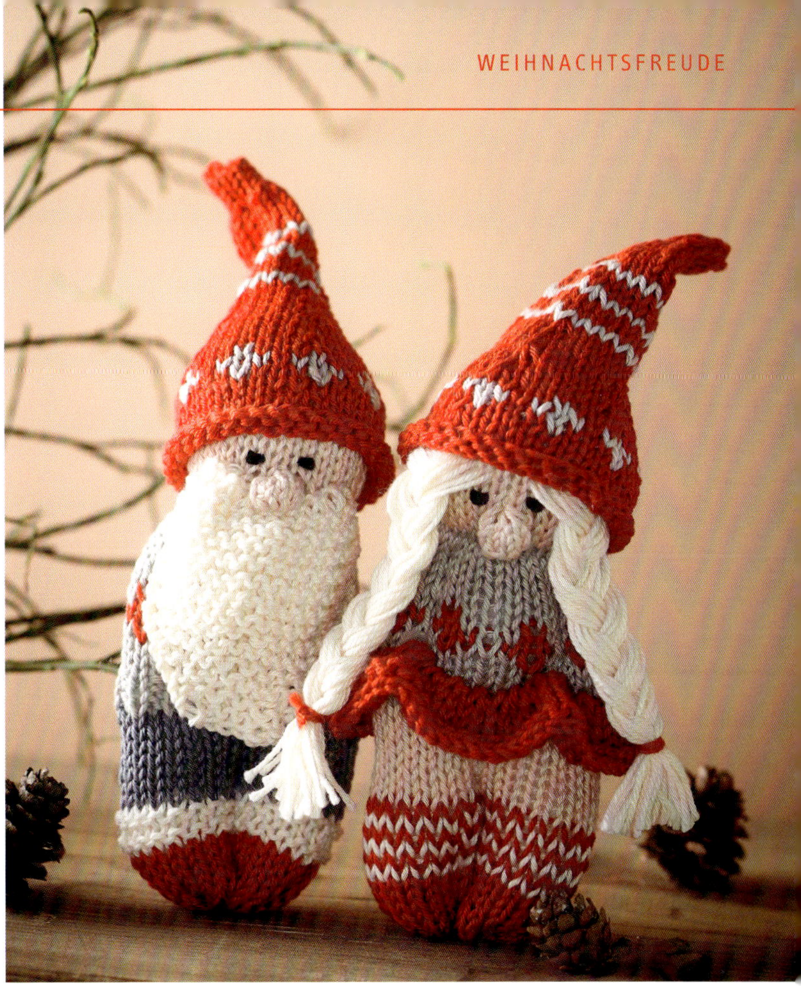

Haare

41.-45. Rd (Natur): Glatt rechts str.
46. Rd: 4x jede 7. und. 8. M rechts zusammenstr (= 28 M).
47. Rd: 4x jede 6. und. 7. M rechts zusammenstr (= 24 M).
48. Rd: 4x jede 5. und. 6. M rechts zusammenstr (= 20 M).
49. Rd: 4x jede 4. und. 5. M rechts zusammenstr (= 16 M).
50. Rd: 4x jede 3. und. 4. M rechts zusammenstr (= 12 M).
51. Rd: 4x jede 2. und. 3. M rechts zusammenstr (= 8 M).
Den Faden abschneiden und durch die restlichen M ziehen.

Rock

Durch die 1. Rd des Oberteils nacheinander die 4 Spielnd schieben (siehe Basisanleitung, Seite 5) und in Rd str (= 32 M). Den Rd-Anfang bildet die hintere Mitte.

1. Rd (Signalrot): Rechte M str.
2. Rd: Jede M verdoppeln (= 64 M).
3.-6. Rd: Glatt rechts str.
7.+8. Rd: Kraus rechts str.
9. Rd: Rechte M str und dabei alle M abk.

Mütze

In Signalrot 34 M anschl, gleichmäßig auf 4 Spielnd verteilen (= 9-8-9-8 M je Nd), zur Rd schließen und glatt rechts in Rd str.

1.-5. Rd: Glatt rechts str.
6. Rd: Jede 16. und 17. M rechts zusammenstr (= 32 M).
7. Rd: In Jacquardtechnik * 2 M rechts in Signalrot, 1 M rechts in Nebel, 1 M rechts in Signalrot, ab * fortlaufend wdh.
8. Rd: In Jacquardtechnik 1 M rechts in Signalrot, 3 M rechts in Nebel im Wechsel str.
9. Rd: Wie die 7. Rd str.
10. Rd (Signalrot): Glatt rechts str.
11. Rd: 4x jede 7. und 8. M rechts zusammenstr (= 28 M).
12.-14. Rd: Glatt rechts str.
15. Rd: 4x jede 6. und 7. M rechts zusammenstr (= 24 M).
16.-18. Rd: Glatt rechts str.
19. Rd (Nebel): 4x jede 5. und 6. M rechts zusammenstr (= 20 M).
20.-21. Rd (Signalrot): Glatt rechts str.
22. Rd (Nebel): Glatt rechts str.
23. Rd (Signalrot): 4x jede 4. und 5. M rechts zusammenstr (= 16 M).
24. Rd: Glatt rechts str.
25. Rd (Nebel): Glatt rechts str.
26. Rd (Signalrot): Glatt rechts str.

... weiter geht es auf Seite 14

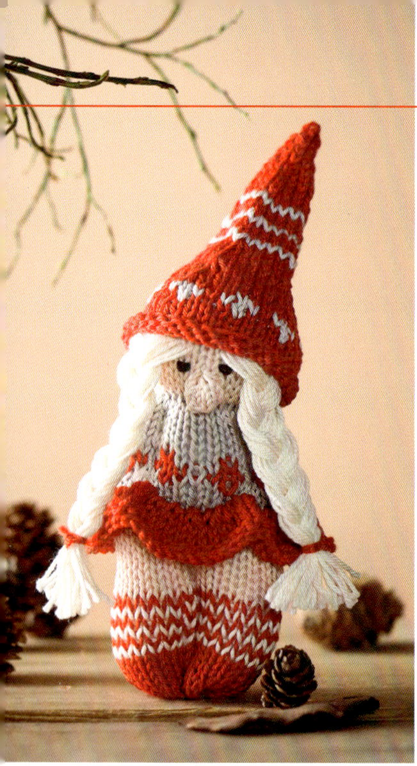

27. Rd: 4x jede 3. und 4. M rechts zusammenstr (= 12 M).
28.-31. Rd: Glatt rechts str.
32. Rd: 4x jede 2. und 3. M rechts zusammenstr (= 8 M).
33.-35. Rd: Glatt rechts str.
36. Rd: Jeweils 2 M rechts zusammenstr (= 4 M).
Den Faden abschneiden und durch die restlichen M nach innen ziehen.

Fertigstellen

Siehe auch Basisanleitung Seite 2-5. Bis auf den Anschlagfaden alle Fäden vernähen. Den Kopf in der 35. Rd in Nebel abbinden, vor dem Festziehen den Kopf mit Füllwatte ausstopfen. Die Fäden nicht abschneiden, sie werden noch zum Abnähen der Arme benötigt. Den Körper ausstopfen und mit dem Anschlagfaden die untere Öffnung schließen. Den Faden nicht abschneiden, sondern mittig bis zum Beginn der Rd in Nebel die Beine markieren. Mit dem Abbindefaden des Kopfes seitlich des Körpers die Arme abnähen, dabei von der hinteren Mitte aus die M wie folgt einteilen: 4 M für die erste Hälfte des Rückenteils, 8 M für den ersten Ärmel, 8 M für das Vorderteil, 8 M für den zweiten Ärmel und 4 M für die zweite Hälfte des Rückenteils.
Die Arme von der drittletzten Rd des Oberteils bis zum Beginn des Rocks abnähen. Die Augen in Schwarz mittig in die vorletzte Rd des Gesichts mit 2 M Abstand aufsticken.
Für die Zöpfe in Natur 12 ca. 48 cm lange Fäden abschneiden und zur Hälfte teilen (= ca. 24 cm je Faden). Den ersten Faden mithilfe der Häkelnd in der 1. Rd der Haare 1 M seitlich der vorderen Mitte um die folgende M ziehen. Den nächsten Faden jeweils durch die Mitte der 2. und 3. M ziehen. Weiter den nächsten Faden um die 3. M ziehen. Weiter zur Seite hin auf die gleiche Art verfahren bis 12 Fäden verarbeitet sind. So erscheint aus jedem M-Glied 1 Faden. Drei Stränge, bestehend aus jeweils 8 Fäden, miteinander zu einem Zopf verflechten. Mit einem Faden in Signalrot den Zopf sichern. Den anderen Zopf gegengleich ebenso arb.

Jonte

Körper

In Signalrot 32 M anschl, gleichmäßig auf 4 Spielnd verteilen (= 8 M je Nd) und zur Rd schließen.

Stiefel

1.-5. Rd: Glatt rechts str.
6.-9. Rd (Natur): Kraus rechts str.

Hose

10.-16. Rd (Stein): Glatt rechts str.

Pullover

17. Rd (Nebel): Glatt rechts str.
18.-20. Rd: Im Rippenmuster str.
21.-22. Rd: Glatt rechts str.
23. Rd: In Jacquardtechnik * 2 M rechts in Nebel, 1 M rechts in Signalrot, 1 M rechts in Nebel, ab * fortlaufend wdh.
24. Rd: In Jacquardtechnik 1 M rechts in Nebel, 3 M rechts in Signalrot im Wechsel str.
25. Rd: Wie die 23. Rd str.
26.-34. Rd (Nebel): Glatt rechts str.

Gesicht

35. Rd (Soft Apricot): Glatt rechts str.
36. Rd: 16 M rechts, 1 M linksgeneigt zunehmen, 16 M rechts (= 33 M).
37. Rd: 16 M rechts, 1 Noppe (= Nase), 16 M rechts.
38. Rd: Die 16. mit der 17. M rechts zusammenstr (= 32 M).
39. Rd: Glatt rechts str.

Haare

40.-44. Rd (Natur): Glatt rechts str.
45. Rd: 4x jede 7. und. 8. M rechts zusammenstr (= 28 M).
46. Rd: 4x jede 6. und. 7. M rechts zusammenstr (= 24 M).
47. Rd: 4x jede 5. und. 6. M rechts zusammenstr (= 20 M).
48. Rd: 4x jede 4. und. 5. M rechts zusammenstr (= 16 M).
49. Rd: 4x jede 3. und. 4. M rechts zusammenstr (= 12 M).
50. Rd: 4x jede 2. und. 3. M rechts zusammenstr (= 8 M).
Den Faden abschneiden und durch die restlichen M ziehen.

Bart

Durch mittleren 9 M der 4. Rd des Gesichts eine Spielnd schieben (siehe Basisanleitung, Seite 5) und in R von oben nach unten kraus rechts str.
1. R (Natur): Rechte M str.
2. R: 1 M rechts, 7x 1 M verdoppeln, 1 M rechts (= 16 M).
3.+4. R: Kraus rechts str.
5. R: 7 M rechts, 2x 1 M verdoppeln, 7 M rechts (= 18 M).
6.-13. R: Kraus rechts str.
14. R: 7 M rechts, 2 M rechts überzogen zusammenstr, 2 M rechts zusammenstr, 7 M rechts (= 16 M).
15.-17. R: Kraus rechts str.
18. R: 6 M rechts, 2 M rechts überzogen zusammenstr, 2 M rechts zusammenstr, 6 M rechts (= 14 M).
19.-21. R: Kraus rechts str.
22. R: 1 M rechts, [2 M rechts zusammenstr, 2 M rechts, 2 M rechts (überzogen zusammenstr] 2x, 1 M rechts (= 10 M).
23.-25. R: Kraus rechts str.
26. R: 1 M rechts, [2 M rechts zusammenstr, 2 M rechts überzogen zusammenstr] 2x, 1 M rechts (= 6 M).
27.+28. R: Kraus rechts str.
29. R: Rechte M str und dabei alle M abk.

Mütze

Die Mütze wie bei Alva beschrieben str (siehe Seite 13).

Fertigstellen

Siehe auch Basisanleitung Seite 2-5. Bis auf den Anschlagfaden alle Fäden vernähen. Den Kopf in der 34. Rd in Nebel abbinden, vor dem Festziehen den Kopf mit Füllwatte ausstopfen. Die Fäden nicht abschneiden, sie werden noch zum Abnähen der Arme benötigt. Den Körper ausstopfen und mit dem Anschlagfaden die untere Öffnung schließen. Den Faden nicht abschneiden, sondern mittig bis zum Beginn des Oberteils die Beine markieren. Mit dem Abbindefaden des Kopfes seitlich des Körpers die Arme abnähen, dabei von der hinteren Mitte aus die M wie folgt einteilen: 4 M für die erste Hälfte des Rückenteils, 8 M für den ersten Ärmel, 8 M für das Vorderteil, 8 M für den zweiten Ärmel und 4 M für die zweite Hälfte des Rückenteils.
Die Arme von der drittletzten Rd des Oberteils bis zum Beginn der Hose abnähen. Die Augen in Schwarz mittig in die vorletzte Rd des Gesichts mit 2 M Abstand aufsticken.

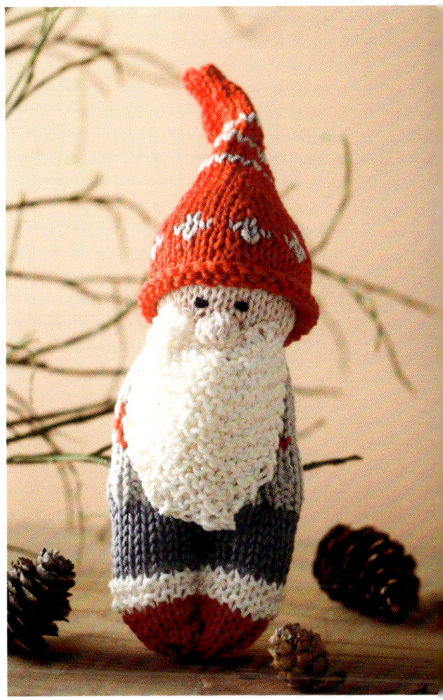

Fuchs Harald

Rotfuchs mit Grips und Herz

GRÖSSE

ca. 17 cm

MATERIAL

- Schachenmayr Catania (LL 125 m/50 g) in Fuchs (Fb 426), Sun-Kissed (Fb 437), Natur (Fb 105) und Schwarz (Fb 110), Reste
- Nadelspiel 3,0 mm
- Füllwatte zum Ausstopfen
- Wollnadel zum Vernähen

MASCHENPROBE

Glatt rechts
mit Nd 3,0 mm
26 M und 36 R
= 10 cm x 10 cm

Glatt rechts

In Hinr rechte M, in Rückr linke M str.

Randmaschen

Die Rdm als Nahtrand str. Dazu die erste und letzte M in jeder Hinr rechts und in jeder Rückr links str.

Strickschrift

Es sind die Hin- und Rückr gezeichnet. Die 1.-34. R wie in der Anleitung angegeben 1x str.

Anleitung

Hinweis: Der Fuchs wird glatt rechts in R gestrickt.

Körper

In Sun-Kissed 34 M anschl und in R glatt rechts str.

Pfoten

1.-5. R: Zwischen den Rdm glatt rechts str, dabei mit 1 Rückr beginnen.

Unterteil

6.-17. R (Fuchs): Zwischen den Rdm glatt rechts str.

Oberteil

18.-37. R: Die 1.-20. R der Strickschrift in Intarsientechnik glatt rechts str.

Kopf

38.-55. R: Die 21.-38. R der Strickschrift in Jacquardtechnik arb.

56. R (Fuchs): Rechte M str und dabei alle M abk.

Fertigstellen

Siehe auch Basisanleitung Seite 2-5. Die rückwärtige Naht im Matratzenstich schließen. Bis auf den Anschlagfaden alle Fäden vernähen. Die obere Öffnung im M-Stich schließen, dabei darauf achten, dass die rückwärtige Naht die hintere Mitte bildet. Die Ohren an den beieden oberen Ecken schräg abnähen. Den Kopf in der 38. R in Natur abbinden, vor dem Festziehen den Kopf mit Füllwatte ausstopfen. Die Fäden nicht abschneiden, sie werden noch zum Abnähen der Arme benötigt. Den Körper ausstopfen und mit dem Anschlagfaden die untere Öffnung schließen. Den Faden nicht abschneiden, sondern mittig bis zur 17. R die Beine markieren. Mit dem Abbindefaden des Kopfes seitlich des Körpers die Arme abnähen, dabei von der hinteren Mitte aus die M wie folgt einteilen: 4 M für die erste Hälfte des Rückenteils, 8 M für den ersten Ärmel, 8 M für das Vorderteil, 8 M für den zweiten Ärmel und 4 M für die zweite Hälfte des Rückenteils. Die Arme von der drittletzten R des Oberteils bis zur 18. R abnähen. Die Nase in Schwarz mittig am Kopf unter die beiden M in Fuchs über 2 M sticken und in der R darunter über 1 M. Die Augen in Schwarz mittig in die 10. R des Kopfes mit 7 M Abstand aufsticken. Die Ohrenmitte zunächst in Natur mit einigen Stichen betonen, dann die naturfarbene

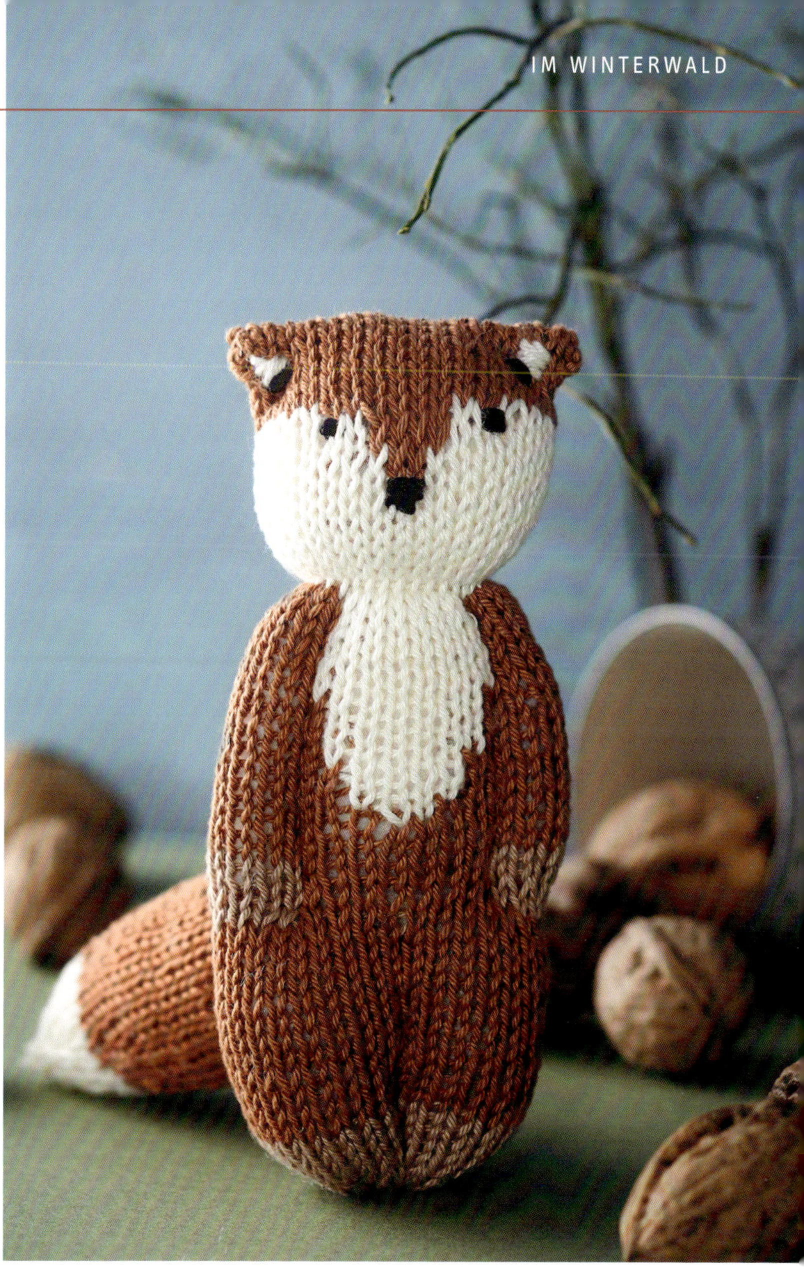

Unterseite mit einer Kontur in Schwarz betonen.

Für den Schwanz je eine Spielnd mittig über 2 M der 17. R des Rückenteils schieben. Je eine weitere Nd von oben nach unten seitlich der mittleren 2 M der 15. und 16. R und eine Nd mittig über die 2 M der 14. R (= 8 M). So bilden die 4 Spielnd ein Quadrat. Über diese 8 M in Rd glatt rechts wie folgt str:

1. Rd (Fuchs): Glatt rechts str.
2. Rd: Jede 2. M verdoppeln (= 12 M).
3. Rd: Jede 3. M verdoppeln (= 16 M).
4. Rd: Jede 4. M verdoppeln (= 20 M).
5.-7. Rd: Glatt rechts str.
8. Rd: Jede 5. M verdoppeln (= 24 M).
9.-11. Rd: Glatt rechts str.
12. Rd: Jede 6. M verdoppeln (= 28 M).
13.-20. Rd: Glatt rechts str.
21. Rd: Jede 6. und 7. M rechts zusammenstr (= 24 M).
22.+23. Rd: Glatt rechts str.
24. Rd: Jede 5. und 6. M rechts zusammenstr (= 20 M).
25.+26. Rd (Natur): Glatt rechts str.
27. Rd: Jede 4. und 5. M rechts zusammenstr (= 16 M).
28.+29. Rd: Glatt rechts str.

Den Schwanz mit Füllwatte ausstopfen.

30. Rd: Jede 3. und 4. M rechts zusammenstr (= 12 M).
31.+32. Rd: Glatt rechts str.

Etwas Füllwatte nachstopfen.

33. Rd: Jede 2. und 3. M rechts zusammenstr (= 8 M).
34. Rd: Glatt rechts str.
35. Rd: Jeweils 2 M rechts zusammenstr (= 4 M).

Den Faden abschneiden, durch die letzten 4 M ziehen und vernähen. Die restlichen Fäden vernähen.

... weiter geht es auf Seite 18

Strickschrift

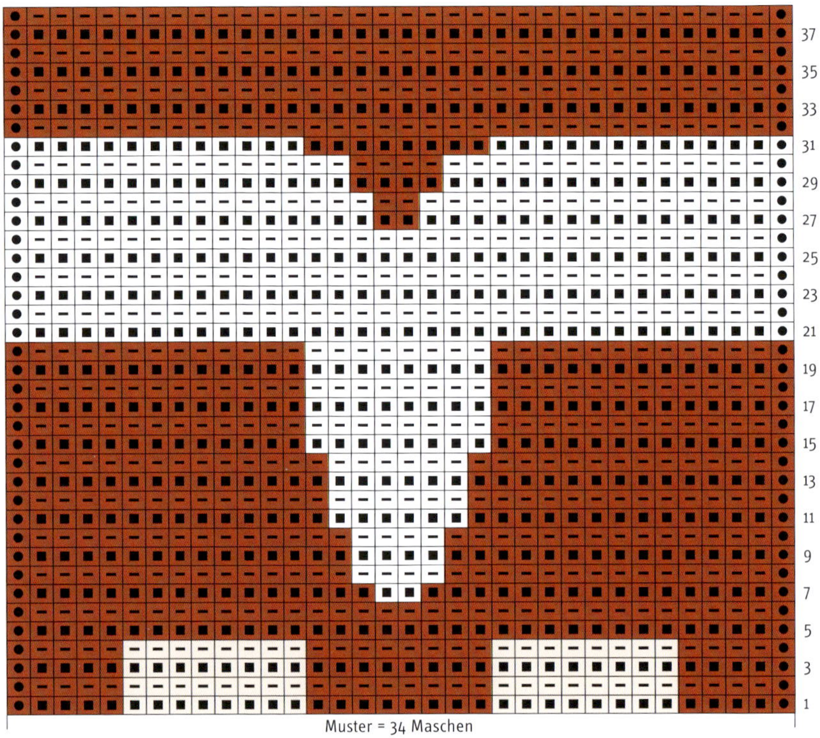

= Fuchs

= Sun-Kissed

= Natur

● = 1 Randmasche: Die erste und letzte Masche in jeder Hinreihe rechts und in jeder Rückreihe links stricken

■ = 1 Masche rechts

– = 1 Masche links

Eichhörnchen Alvis

leidenschaftlicher Tannenzapfensammler

GRÖSSE

ca. 17 cm

MATERIAL

- Schachenmayr Catania (LL 125 m/50 g) in Deep Amber (Fb 438), Natur (Fb 105) und Schwarz (Fb 110), Reste
- Nadelspiel 3,0 mm
- 2 Spielnadeln 2,5 mm
- Häkelnadel 2,5 mm
- Füllwatte zum Ausstopfen
- Wollnadel zum Vernähen
- Maschenmarkierer

MASCHENPROBE

Glatt rechts mit Nd 3,0 mm 26 M und 36 R = 10 cm x 10 cm

Glatt rechts

In Hinr rechte M, in Rückr linke M str, bzw. in Rd alle M rechts str.

Kraus rechts

In Hin- und Rückr rechte M str.

Randmaschen

Die Rdm als Nahtrand str. Dazu die erste und letzte M in jeder Hinr rechts und in jeder Rückr links str.

Doppelmasche

Für eine Dm wie folgt arb: 1 M wie zum Linksstr abheben und dabei den Arbeitsfaden von vorne über die Nd so weit nach hinten ziehen, dass eine doppelte M auf der Nd liegt. Beim Abstr der Dm darauf achten, dass beide M-Glieder zusammen erfasst und als eine M abgestrickt werden.

Anleitung

Hinweis: Das Eichhörnchen wird glatt rechts in R gestrickt.

Körper

In Deep Amber 34 M auf einer Spielnd 3,0 mm anschl und in R glatt rechts str.

Pfoten

1.–5. R: Zwischen den Rdm glatt rechts str, dabei mit 1 Rückr beginnen.

… weiter geht es auf Seite 20

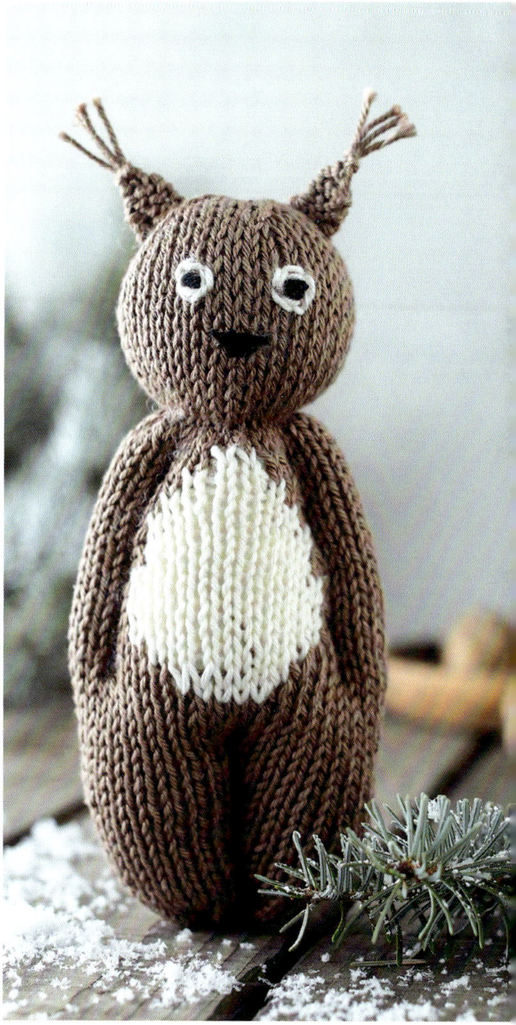

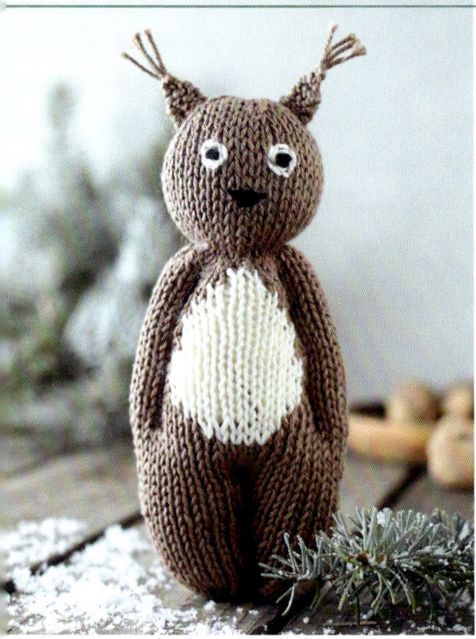

Unterteil

6. R (Hinr): Zwischen den Rdm 4x jede 8. M verdoppeln (= 38 M).
7.-11. R: Zwischen den Rdm glatt rechts str.
12. R: Zwischen den Rdm 4x jede 9. M verdoppeln (= 42 M).
13.-15. R: Zwischen den Rdm glatt rechts str.
16. R: Zwischen den Rdm 4x jede 10. M verdoppeln (= 46 M).
17. R: Zwischen den Rdm glatt rechts str.

Oberteil

18.-21. R: Zwischen den Rdm glatt rechts str.
Weiter glatt rechts in Intarsientechnik wie folgt str, dabei die Rdm immer in Deep Amber arb.
22. R: Rdm, 20 M in Deep Amber, 4 M in Natur, 20 M in Deep Amber, Rdm.
23. R: Rdm, 19 M in Deep Amber, 6 M in Natur, 19 M in Deep Amber, Rdm.
24. R: Rdm, 18 M in Deep Amber, 8 M in Natur, 18 M in Deep Amber, Rdm.
25.-27. R: Rdm, 17 M in Deep Amber, 10 M in Natur, 17 M in Deep Amber, Rdm.
28. R: Rdm, in Deep Amber 5 M rechts, 2 M rechts zusammenstr, 8 M rechts, 2 M rechts überzogen zusammenstr, in Natur 10 M rechts, in Deep Amber 2 M rechts zusammenstr, 8 M rechts, 2 M rechts überzogen zusammenstr, 5 M rechts, Rdm (= 42 M).
29. R: Rdm, 15 M in Deep Amber, 10 M in Natur, 15 M in Deep Amber, Rdm.
30.+31. R: Rdm, 16 M in Deep Amber, 8 M in Natur, 16 M in Deep Amber, Rdm.
32. R: Rdm, in Deep Amber 4 M rechts, 2 M rechts zusammenstr, 8 M rechts, 2 M rechts überzogen zusammenstr, in Natur 8 M rechts, in Deep Amber 2 M rechts zusammenstr, 8 M rechts, 2 M rechts überzogen zusammenstr, 4 M rechts, Rdm (= 38 M).
33. R: Rdm, 14 M in Deep Amber, 8 M in Natur, 14 M in Deep Amber, Rdm.
34.+35. R: Rdm, 15 M in Deep Amber, 6 M in Natur, 15 M in Deep Amber, Rdm.
36. R: Rdm, in Deep Amber 3 M rechts, 2 M rechts zusammenstr, 8 M rechts, 2 M rechts überzogen zusammenstr, 1 M rechts, in Natur 4 M rechts, in Deep Amber 1 M rechts, 2 M rechts zusammenstr, 8 M rechts, 2 M rechts überzogen zusammenstr, 3 M rechts, Rdm (= 34 M).
37. R: Rdm, 14 M in Deep Amber, 4 M in Natur, 14 M in Deep Amber, Rdm.
38.+39. R: Rdm, 15 M in Deep Amber, 2 M in Natur, 15 M in Deep Amber, Rdm.
40.+41. R (Deep Amber): Glatt rechts str.

Kopf

42.-55. R (Deep Amber): Glatt rechts str.
56. R: Rdm, 4x jede 7. und 8. M rechts zusammenstr, Rdm (= 30 M).
57. R: Rdm, [2 M links zusammenstr, 5 M links] 4x str, Rdm (= 26 M).
58. R: Rdm, 4x jede 5. und 6. M rechts zusammenstr, Rdm (= 22 M).
59. R: Rdm, [2 M links zusammenstr, 3 M links] 4x str, Rdm (= 18 M).
60. R: Rdm, 4x jede 3. und 4. M rechts zusammenstr, Rdm (= 14 M).
61. R: Rdm, [2 M links zusammenstr, 1 M links] 4x str, Rdm (= 10 M).
Den Faden abschneiden und durch die restlichen Maschen ziehen.

Ohren (2x)

Je eine Spielnd 2,5 mm durch die seitlichen M der 14.-17. R schieben (= 4 M) und in R kraus rechts str.
1.-6. R (Deep Amber): Kraus rechts str.
7. R: 1 M rechts, 2 M rechts zusammenstr, 1 M rechts (= 3 M).
8. R: Kraus rechts str.
9. R: 3 M rechts überzogen zusammenstr (= 1 M wie zum Rechtsstr ab-

heben, 2 M rechts zusammenstr, die abgehobene M überziehen) (= 1 M). Den Faden abschneiden und durch die letzte M ziehen.

Fertigstellen

Siehe auch Basisanleitung Seite 2-5. Die rückwärtige Naht im Matratzenstich schließen. Bis auf den Anschlagfaden alle Fäden vernähen. Für den Schwanz eine Spielnd mittig über 2 M der 19. R des Rückenteils schieben. Je eine weitere Nd von oben nach unten seitlich der mittleren 2 M der 17. und 18. R und eine Nd mittig über die 2 M der 16. R (= 8 M). So bilden die 4 Spielnd ein Quadrat. Über diese 8 M in Rd glatt rechts str, dabei in der unteren Mitte beginnen und den Rd-Anfang markieren:

1. Rd (Deep Amber): Glatt rechts str.

2. Rd: Jede M rechts verdoppeln (= 16 M).

3. Rd: Jede 2. M rechts verdoppeln (= 24 M).

4. Rd: Glatt rechts str.

5. Rd: Jede 6. M rechts verdoppeln (= 28 M).

6. Rd: 27 M rechts, wenden und weiter glatt rechts mit verkürzten R str.

1. R: Dm, 25 M links, wenden.

2. R: Dm, bis 2 M vor die Dm rechts, wenden.

3. R: Dm, bis 2 M vor die Dm links, wenden.

4.-7. R: 2x wie die 2. und 3. R arb.

8. R: Dm, 28 M rechts str, dabei die Dm jeweils rechts als 1 M str.

9. R: 6 M rechts, wenden.

10. R: Dm, 5 M links wenden.

11. R: Dm, bis 2 M nach der Dm rechts str, wenden.

12. R: Dm, bis 2 M nach der Dm links str, wenden.

13.-16. R: 2x wie die 11. und 12. R arb.

17. R: Dm, rechte M bis Rd-Anfang str. Weiter wieder in Rd über alle M str, dabei in der nächsten Rd die Dm als 1 M rechts str.

1.-4. Rd: Glatt rechts str.

5. Rd: 4x jede 6. und 7. M rechts zusammenstr (= 24 M).

6.+7. Rd: Glatt rechts str.

8. Rd: 4x jede 5. und 6. M rechts zusammenstr (= 20 M).

9.+10. Rd: Glatt rechts str.

11. Rd: 4x jede 4. und 5. M rechts zusammenstr (= 16 M).

12.+13. Rd: Glatt rechts str.

14. Rd: 4x jede 3. und 4. M rechts zusammenstr (= 12 M).

15.-18. Rd: Glatt rechts str.

19. Rd: 4x jede 2. und 3. M rechts zusammenstr (= 8 M).

20.-23. Rd: Glatt rechts str.

24. Rd: 4x jeweils 2 M rechts zusammenstr (= 4 M).

Den Faden abschneiden und durch die restlichen M ziehen.

Den Kopf in der 42. R in Deep Amber abbinden, vor dem Festziehen den Kopf mit Füllwatte ausstopfen. Die Fäden nicht abschneiden, sie werden noch zum Abnähen der Arme benötigt. Den Körper ausstopfen und mit dem Anschlagfaden die untere Öffnung schließen. Den Faden nicht abschneiden, sondern mittig bis zur 16. R die Beine markieren, dabei darauf achten, dass die rückwärtige Naht die hintere Mitte bildet. Mit dem Abbindefaden des Kopfes seitlich des Körpers die Arme abnähen, dabei von der hinteren Mitte aus die M wie folgt einteilen: 4 M für die erste Hälfte des Rückenteils, 8 M für den ersten Ärmel, 8 M für das Vorderteil, 8 M für den zweiten Ärmel und 4 M für die zweite Hälfte des Rückenteils. Die Arme über 8 M von der drittletzten R des Oberteils bis zur 17. R abnähen, dabei vergrößert sich durch die Formgebung die M-Anzahl von Vorder- und Rückenteil. Das Augeninnere in Schwarz mittig in die 9. R des Kopfes mit 4 M Abstand aufsticken. In Natur mit einigen Stichen das Augenäußere aufsticken. Die Nase in der 6. R des Kopfes mittig unterhalb der Augen als kleines Dreieck aufsticken. An die Spitzen der Ohren jeweils 2 Fäden in einer Länge von ca. 5 cm mithilfe der Häkelnd einknüpfen. Mit dem Anschlagfaden des Schwanzes den Schwanz mit einigen Stichen am Rückenteil festheften.

Eule Helga

immer mit Überblick und Weitsicht

GRÖSSE

ca. 13 cm

MATERIAL

- Schachenmayr Catania (LL 125 m/50 g) in Fango (Fb 387), Sun-Kissed (Fb 437), Natur (Fb 105), Deep Amber (Fb 438) und Schwarz (Fb 110), Reste
- Nadelspiel 3,0 mm
- Füllwatte zum Ausstopfen
- Wollnadel zum Vernähen

MASCHENPROBE

Glatt rechts
mit Nd 3,0 mm
26 M und 36 R
= 10 cm x 10 cm

Glatt rechts

In Hinr rechte M, in Rückr linke M str

Kraus rechts

In Hin- und Rückr rechte M str.

Randmaschen

Die Rdm als Nahtrand str. Dazu die erste und letzte M in jeder Hinr rechts und in jeder Rückr links str.

Strickschrift

Es sind die Hin- und Rückr gezeichnet. Die 1.-10. R wie in der Anleitung angegeben 1x str.

Strickschrift

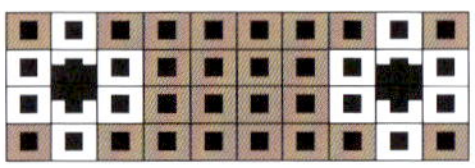

3
1

= 1 Masche in Deep Amber (Stickgrund Gesicht)

= 1 Maschenstich in Natur

= 1 Auge in Schwarz wie in der Basisanleitung beschrieben aufsticken

Anleitung

Hinweis: Die Eule wird glatt rechts in R gestrickt.

Körper

In Fango 34 M anschl und in R glatt rechts str.

Krallen

1.-4. R: Zwischen den Rdm glatt rechts str, dabei mit 1 Rückr beginnen.

Unterkörper

5.-14. R (Deep Amber): Zwischen den Rdm glatt rechts str.

Oberkörper

15.-24. R: Die 1.-10. R der Strickschrift in Intarsien- bzw. Jacquardtechnik glatt rechts str.

Kopf

25.-42. R (Deep Amber): Glatt rechts str.

43. R: Rechte M str und dabei alle M abk. Den Faden abschneiden und durch die restlichen M ziehen.

Strickschrift

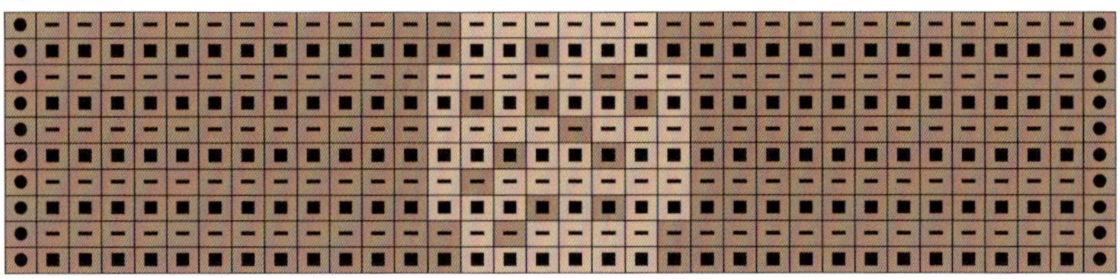

9
7
5
3
1

= Deep Amber

= Natur

= 1 Randmasche: Die erste und letzte Masche in jeder Hinreihe rechts und in jeder Rückreihe links stricken

= 1 Masche rechts

= 1 Masche links

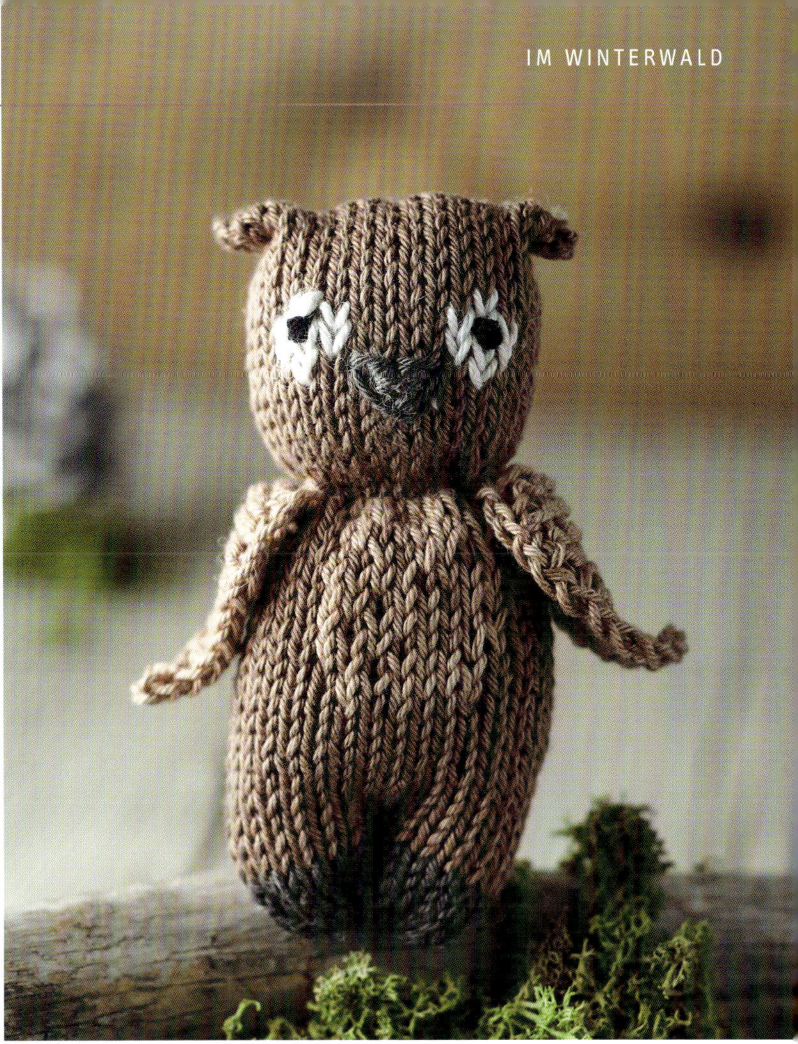

Fertigstellen

Siehe auch Basisanleitung Seite 2-5. Die rückwärtige Naht im Matratzenstich schließen. Die obere Naht im M-Stich schließen, dabei bildet die rückwärtige Naht die hintere Mitte. Die Ohren wie abgebildet an den beiden oberen Ecken seitlich abnähen. Bis auf den Anschlagfaden alle Fäden vernähen. Für die Flügel jeweils durch die seitlichen 4 M der letzten R des Oberteils eine Spielnd schieben und in R kraus rechts str. Die Rdm als Kettrand str, dazu die 1. M jeder R wie zum Linksstr abheben, die letzte M jeder R rechts str.

1. R (Sun-Kissed): Rdm, 2x 1 M verdoppeln, Rdm (= 6 M).

2. R: Zwischen den Rdm kraus rechts str.

3. R: Rdm, 1 M verdoppeln, 2 M rechts, 1 M verdoppeln, Rdm (= 8 M).

4.-6. R: Zwischen den Rdm kraus rechts str.

7. R: Rdm, 1 M verdoppeln, 4 M rechts, 1 M verdoppeln, Rdm (= 10 M).

8.-12. R: Zwischen den Rdm kraus rechts str.

13. R: Rdm, 2 M rechts überzogen zusammenstr, 4 M rechts, 2 M rechts zusammenstr, Rdm (= 8 M).

14.-16. R: Zwischen den Rdm kraus rechts str.

17. R: Rdm, 2 M rechts überzogen zusammenstr, 2 M rechts, 2 M rechts zusammenstr, Rdm (= 6 M).

18.-20. R: Zwischen den Rdm kraus rechts str.

21. R: Rdm, 2 M rechts überzogen zusammenstr, 2 M rechts zusammenstr, Rdm (= 4 M).

22. R: 2 M rechts überzogen zusammenstr, 2 M rechts zusammenstr (= 2 M).

24. R: 2 M rechts zusammenstr (= 2 M).

Den Faden abschneiden und durch die letzte M ziehen.

Den Kopf in der 25. R in Deep Amber abbinden, vor dem Festziehen den Kopf mit Füllwatte ausstopfen. Den Körper ausstopfen und mit dem Anschlagfaden die untere Öffnung schließen. Den Faden nicht abschneiden, sondern mittig bis zur 8. R die Beine markieren. Die Augen in Natur und Schwarz mittig in die 8.-12. R des Kopfes gemäß der Stickschrift aufsticken. In Fango die Nase vorne mittig in die 6.-8. R aufsticken.

Karl und Clemens

beste Mäusefreunde in allen Lebenslagen

GRÖSSE

Karl: ca. 12 cm

Clemens: ca. 17 cm

MATERIAL

- Nadelspiel 3,0 mm
- 2 Spielnadeln 2,5 mm
- Füllwatte zum Ausstopfen
- Wollnadel zum Vernähen

KARL

- Schachenmayr Catania (LL 125 m/50 g) in Rauchgrau (Fb 435), Leinen (Fb 248), Kirsche (Fb 424), Rosa (Fb 246) und Schwarz (Fb 110), Reste

CLEMENS

- Schachenmayr Catania (LL 125 m/50 g) in Rauchgrau (Fb 435), Leinen (Fb 248), Kirsche (Fb 424), Rosa (Fb 246) und Schwarz (Fb 110), Reste

MASCHENPROBE

Glatt rechts mit Nd 3,0 mm
26 M und 36 Rd = 10 cm x 10 cm

Glatt rechts

In Rd alle M rechts str.

Kraus rechts

In Hin- und Rückr rechte M str, bzw. in Rd 1 Rd rechte M, 1 Rd linke M im Wechsel str.

Karl

Körper

In Leinen 28 M anschl, gleichmäßig auf 4 Spielnd 3,0 mm verteilen (= 7 M je Nd) und zur Rd schließen. Der Rd-Anfang bildet die hintere Mitte.

Pfoten

1.-3. Rd: Glatt rechts str.

Beine

4.-13. Rd (Rauchgrau): Glatt rechts str.

Pullover

14.+15. Rd (Kirsche): Kraus rechts str.
16. Rd (Rauchgrau): * 1 M rechts str, 1 M wie zum Linksstr abheben, dabei den Faden hinter der M entlangführen, ab * fortlaufend wdh.
17. Rd (Kirsche): Rechte M str.
18. Rd (Rauchgrau): * 1 M wie zum Linksstr abheben, dabei den Faden hinter der M entlangführen, 1 M rechts str, ab * fortlaufend wdh.
19. Rd (Kirsche): Rechte M str.
20.-35. Rd: Die 16.-19. Rd noch 4x wdh.

Kopf

36.-46. Rd (Rauchgrau): Glatt rechts str.
47. Rd: 4x jede 6. und 7. M rechts zusammenstr (= 24 M).
48. Rd: 4x jede 5. und 6. M rechts zusammenstr (= 20 M).
49. Rd: 4x jede 4. und 5. M rechts zusammenstr (= 16 M).
50. Rd: 4x jede 3. und 4. M rechts zusammenstr (= 12 M).
51. Rd: 4x jede 2. und 3. M rechts zusammenstr (= 8 M).
Den Faden abschneiden und durch die restlichen M nach innen ziehen.

Ohren (2x)

Eine Spielnd 2,5 mm in die seitlichen M der 48.-50. Rd schieben und kraus rechts in R str.
1.+2. R (Leinen): 3 M kraus rechts str.
3. R: Die erste und letzte M verdoppeln (= 5 M).
4. R: Kraus rechts str.
5. R: Die mittlere M verdoppeln (= 6 M).
6. R: Kraus rechts str.
7. R: 1 M rechts, 2 M rechts überzogen zusammenstr, 2 M rechts zusammenstr, 1 M rechts (= 4 M).
8. R: Kraus rechts str.
9. R: Rechte M str und dabei alle M abk.

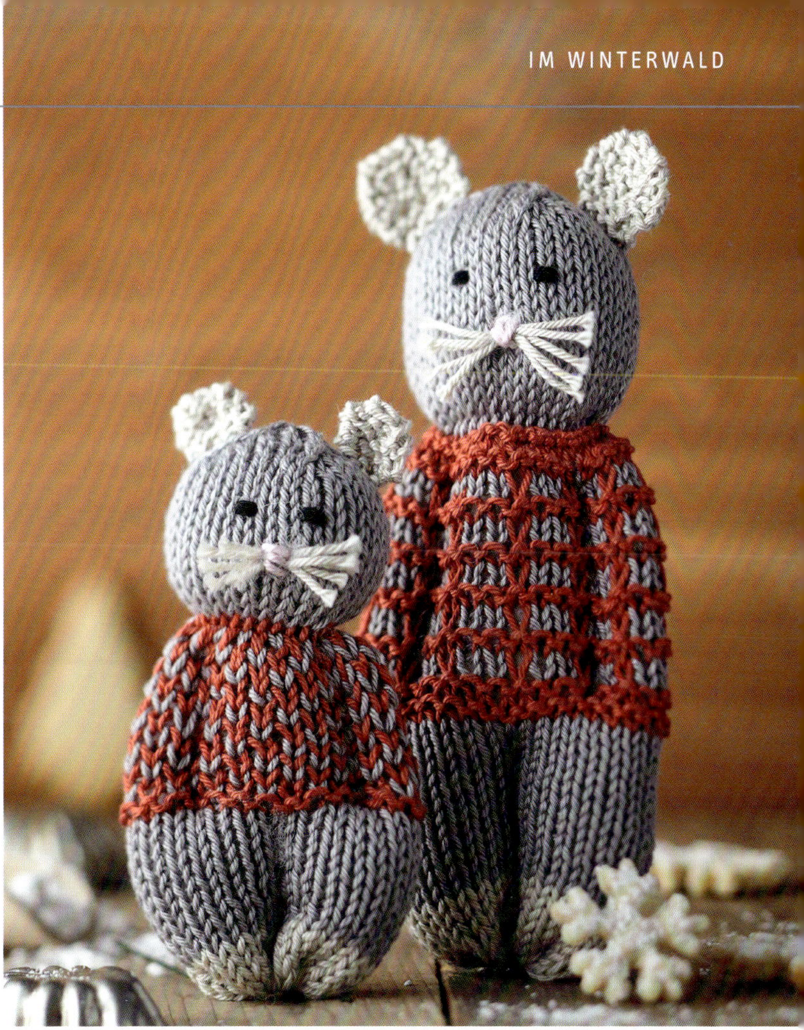

Fertigstellen

Siehe auch Basisanleitung Seite 2-5. Bis auf den Anschlagfaden alle Fäden vernähen. Den Kopf in der 35. Rd in Kirsche abbinden, vor dem Festziehen den Kopf mit Füllwatte ausstopfen. Die Fäden nicht abschneiden, sie werden noch zum Abnähen der Arme benötigt. Den Körper ausstopfen und mit dem Anschlagfaden die untere Öffnung schließen. Den Faden nicht abschneiden, sondern mittig bis zur 13. Rd die Beine markieren. Mit dem Abbindefaden des Kopfes seitlich des Körpers die Arme abnähen, dabei von der hinteren Mitte aus die M wie folgt einteilen: 3,5 M für die erste Hälfte des Rückenteils, 7 M für den ersten Ärmel, 7 M für das Vorderteil, 7 M für den zweiten Ärmel und 3,5 M für die zweite Hälfte des Rückenteils. Die Arme von der drittletzten Rd des Oberteils bis zur 14. Rd abnähen. Für die Schnurrhaare 4 ca. 3,5 cm lange Fäden in Leinen abschneiden und durch die mittlere M der 5. Rd des Kopfes ziehen. In Rosa die Nase über die mittlere M der 5. Rd sticken und dabei die Schnurrhaare fixieren. Die Augen in Schwarz mittig in die 8. Rd des Kopfes mit 2 M Abstand aufsticken.

Clemens

Körper

In Leinen 36 M anschl, gleichmäßig auf 4 Spielnd 3,0 mm verteilen (= 9 M je Nd) und zur Rd schließen. Der Rd-Anfang bildet die hintere Mitte.

Pfoten

1.-5. Rd: Glatt rechts str.

Beine

6.-18. Rd (Rauchgrau): Glatt rechts str.

Pullover

19.-22. Rd (Kirsche): Kraus rechts str.
23.+24. Rd (Rauchgrau): * 2 M rechts str, 1 M wie zum Linksstr abheben, dabei den Faden hinter der M entlangführen, ab * fortlaufend wdh.
25.+26. Rd (Kirsche): Kraus rechts str.
27.-42. Rd: Die 23.-26. Rd noch 4x wdh.
43.-44. Rd (Kirsche): Kraus rechts str.

... weiter geht es auf Seite 25

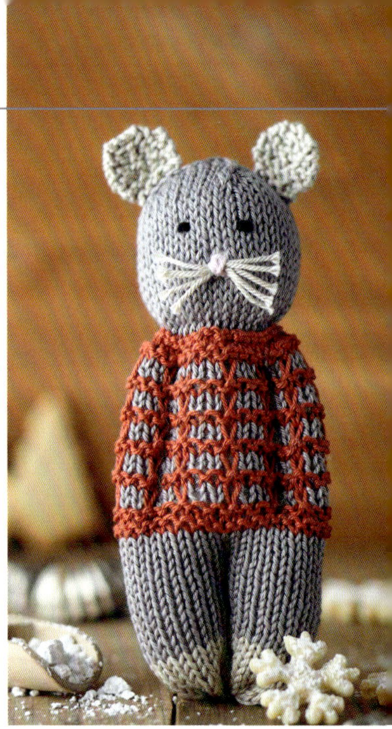

Kopf

45.-59. Rd (Rauchgrau): Glatt rechts str.
60. Rd: 4x jede 8. und 9. M rechts zusammenstr (= 32 M).
61. Rd: 4x jede 7. und 8. M rechts zusammenstr (= 28 M).
62. Rd: 4x jede 6. und 7. M rechts zusammenstr (= 24 M).
63. Rd: 4x jede 5. und 6. M rechts zusammenstr (= 20 M).
64. Rd: 4x jede 4. und 5. M rechts zusammenstr (= 16 M).
65. Rd: 4x jede 3. und 4. M rechts zusammenstr (= 12 M).
66. Rd: 4x jede 2. und 3. M rechts zusammenstr (= 8 M).
Den Faden abschneiden und durch die restlichen M nach innen ziehen.

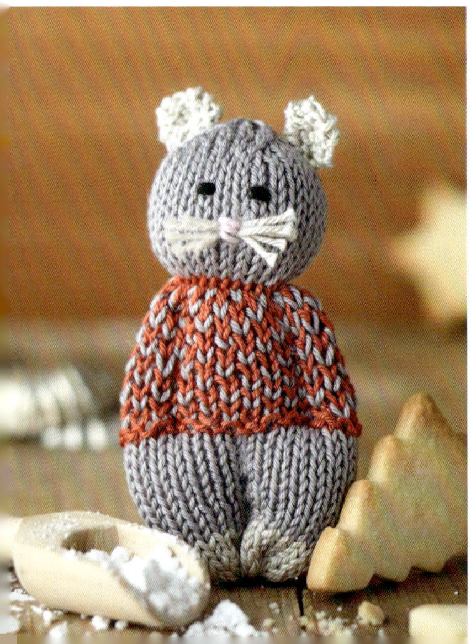

Ohren (2x)

Eine Spielnd 2,5 mm in die seitlichen M der 60.-63. Rd schieben und kraus rechts in R str.
1.+2. R (Leinen): 4 M kraus rechts str.
3. R: Die erste und letzte M verdoppeln (= 6 M).
4. R: Kraus rechts str.
5. R: Die beiden mittleren M verdoppeln (= 8 M).
6. R: Kraus rechts str.
7. R: 3 M rechts, 2 M rechts zusammenstr, 3 M rechts (= 7 M).
8. R: Kraus rechts str.
9. R: 1 M rechts, 2 M rechts überzogen zusammenstr, 1 M rechts, 2 M rechts zusammenstr, 1 M rechts (= 5 M).
10. R: Rechte M str.
11. R: 1 M rechts, 3 M rechts überzogen zusammenstr (= 1 M wie zum Rechtsstr abheben, 2 M rechts zusammenstr, die abgehobene M überziehen), 1 M rechts (= 3 M).
12. R: Rechte M str und dabei alle M abk.

Fertigstellen

Siehe auch Basisanleitung Seite 2-5.
Bis auf den Anschlagfaden alle Fäden vernähen. Den Kopf in der 45. Rd in Kirsche abbinden, vor dem Festziehen den Kopf mit Füllwatte ausstopfen. Die Fäden nicht abschneiden, sie werden noch zum Abnähen der Arme benötigt. Den Körper ausstopfen und mit dem Anschlagfaden die untere Öffnung schließen. Den Faden nicht abschneiden, sondern mittig bis zur 18. Rd die Beine markieren. Mit dem Abbindefaden des Kopfes seitlich des Körpers die Arme abnähen, dabei von der hinteren Mitte aus die M wie folgt einteilen: 4,5 M für die erste Hälfte des Rückenteils, 9 M für den ersten Ärmel, 9 M für das Vorderteil, 9 M für den zweiten Ärmel und 4,5 M für die zweite Hälfte des Rückenteils. Die Arme von der drittletzten Rd des Oberteils bis zur 20. Rd abnähen.
Für die Schnurrhaare 5 ca. 4 cm lange Fäden in Leinen abschneiden und durch die mittlere M der 7. Rd des Kopfes ziehen. In Rosa die Nase über die mittlere M der 7. Rd sticken und dabei die Schnurrhaare fixieren.
Die Augen in Schwarz mittig in die 11. Rd des Kopfes mit 4 M Abstand aufsticken.

Birna

täglich mindestens 10.000 Schritte durch den Wald

GRÖSSE
ca. 17 cm

MATERIAL
- Schachenmayr Catania (LL 125 m/50 g) in Sun-Kissed (Fb 437), Natur (Fb 105) und Schwarz (Fb 110), Reste
- Nadelspiel 3,0 mm
- Füllwatte zum Ausstopfen
- Wollnadel zum Vernähen
- Pomponmaker

MASCHENPROBE
Glatt rechts mit Nd 3,0 mm
26 M und 36 Rd
= 10 cm x 10 cm

Glatt rechts
In Hinr rechte M, in Rückr linke M str.

Kraus rechts
In Hin- und Rückr rechte M str.

Randmaschen
Die Rdm als Nahtrand str. Dazu die erste und letzte M in jeder Hinr rechts und in jeder Rückr links str.

Strickschrift
Es sind die Hin- und Rückr gezeichnet. Die 1.-40. R wie in der Anleitung angegeben 1x str.

Anleitung

Hinweis: Das Reh wird glatt rechts in R gestrickt.

Körper
In Natur 34 M anschl und in R glatt rechts str.

Pfoten
1.-5. R: Zwischen den Rdm glatt rechts str, dabei mit 1 Rückr beginnen.

Unterteil
6.-15. R (Sun-Kissed): Zwischen den Rdm glatt rechts str.

Oberteil
16.-35. R: Die 1.-20. R der Strickschrift in Intarsientechnik glatt rechts str.

Kopf
36.-55. R: Die 21.-34. R der Strickschrift in Intarsientechnik arb.
Den Faden abschneiden und durch die restlichen M ziehen.

Ohren (2x)
Jeweils seitlich aus der 50.-52. Rd des Kopfes 3 M auf eine Spielnd heben und in R kraus rechts str. Ab der 2. R die Rdm als Kettrand arb, dazu in jeder R die 1. M wie

... weiter geht es auf Seite 25

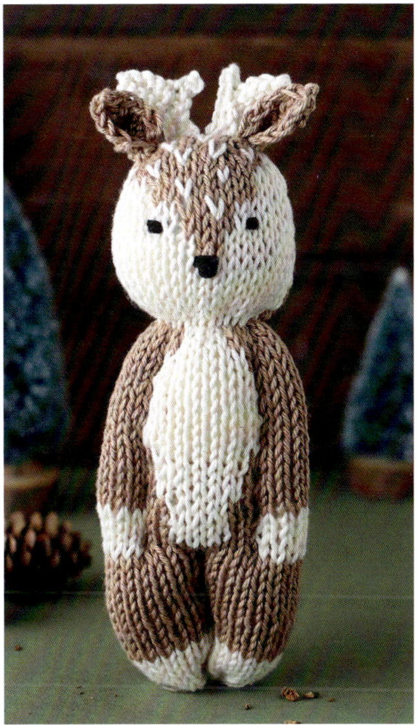

zum Linksstr abheben, die letzte M rechts str.

1. R (Sun-Kissed): Rechte M str, dabei jede M verdoppeln (= 6 M).

2.-6. R: Rdm, 4 M str, Rdm.

7. R: Rdm, 1 M rechts, 2 M rechts zusammenstr, Rdm (= 5 M)

8. R: Rdm, 3 M rechts, Rdm.

9. R: Rdm 3 M rechts überzogen zusammenstr (= 1 M wie zum Rechtsstr abheben, 2 M rechts zusammenstr, die abgehobene M überziehen), Rdm (= 3 M).

10. R: Rdm, 1 M rechts, Rdm.

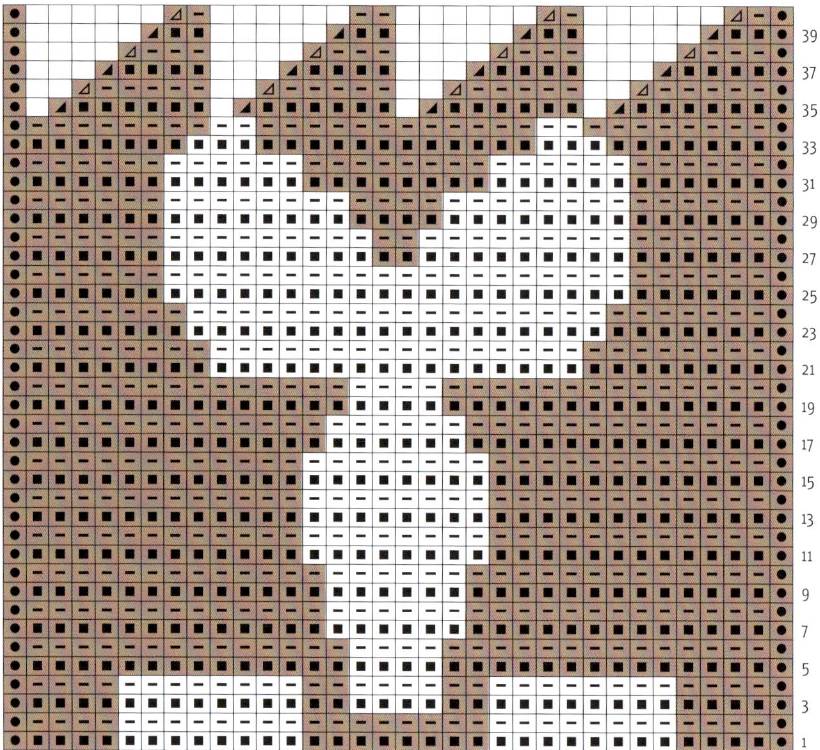

Muster = 34 Maschen

= Sun-Kissed

= Natur

■ = 1 Masche rechts

– = 1 Masche links

◢ = 2 Maschen rechts zusammenstricken

◿ = 2 Maschen links zusammenstricken

● = 1 Randmasche: Die erste und letzte Masche in jeder Hinreihe rechts und in jeder Rückreihe links stricken

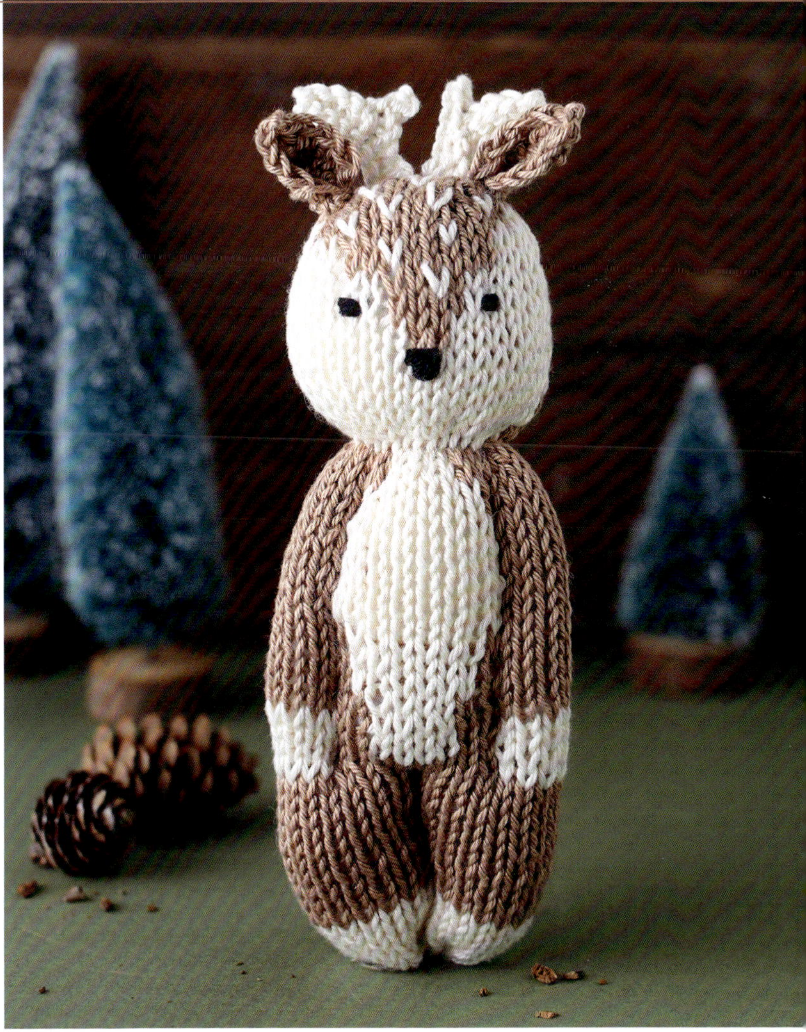

11. R: Rdm, 1 M mit der Rdm rechts zusammenstr, die Rdm überziehen. Den Faden abschneiden und durch die letzte M ziehen.

Geweih

In Natur 8 M anschl und in R str.

1. R: Rechte M str.

2. R: 4 M rechts str und dabei abk. Die M der rechten Nd wieder zurück auf die linke Nd heben. Die Arbeit wenden und 3 M neu anschlingen (= 7 M). Die Arbeit erneut wenden.

3. R: Rechte M str und dabei die M abk.

Fertigstellen

Siehe auch Basisanleitung Seite 2-5. Die rückwärtige Naht im Matratzenstich schließen. Bis auf den Anschlagfaden alle Fäden vernähen. Den Kopf in der 36. R in Natur abbinden, vor dem Festziehen den Kopf mit Füllwatte ausstopfen. Die Fäden nicht abschneiden, sie werden noch zum Abnähen der Arme benötigt. Den Körper ausstopfen und mit dem Anschlagfaden die untere Öffnung schließen. Den Faden nicht abschneiden, sondern mittig bis zur 16. R die Beine markieren, dabei darauf achten, dass die rückwärtige Naht die hintere Mitte bildet. Mit dem Abbindefaden des Kopfes seitlich des Körpers die Arme abnähen, dabei von der hinteren Mitte aus die M wie folgt einteilen: 4 M für die erste Hälfte des Rückenteils, 8 M für den ersten Ärmel, 8 M für das Vorderteil, 8 M für den zweiten Ärmel und 4 M für die zweite Hälfte des Rückenteils. Die Arme von der drittletzten R des Oberteils bis zur 17. R abnähen. Die Nase in Schwarz mittig im Kopf unter die beiden M in Sun-Kissed sticken. Die Augen in Schwarz mittig in die 9. R des Kopfes mit 6 M Abstand aufsticken. Die Ohren in der ersten R vorne zusammennähen. Die Flecken in Natur im M-Stich aufsticken. Für den Schwanz in Natur einen ca. 3,5 cm großen Pompon herstellen und an das Hinterteil nähen.

Tannenbaum

hat keine Blätter

Glatt rechts

In Rd alle M rechts str.

Kraus rechts

In Rd 1 Rd rechte M, 1 Rd linke M im Wechsel str.

Anleitung

In Marone 24 M anschl, gleichmäßig auf 4 Spielnd verteilen (= 6 M je Nd) und zur Rd schließen.

Stamm

1.-10. Rd: Glatt rechts str.

Baumkörper

11. Rd (Tannenbaum): Kraus rechts str, dabei jede 2. M verdoppeln (= 36 M).

12.-19. Rd: Kraus rechts str.

20. Rd: Jede 8. und 9. M links zusammenstr (= 32 M).

21.-27. Rd: Kraus rechts str.

28. Rd: Jede 7. und 8. M links zusammenstr (= 28 M).

29.-33. Rd: Kraus rechts str.

34. Rd: Jede 6. und 7. M links zusammenstr (= 24 M).

35.-39. Rd: Kraus rechts str.

40. Rd: Jede 5. und 6. M links zusammenstr (= 20 M).

41.-45. Rd: Kraus rechts str.

46. Rd: Jede 4. und 5. M links zusammenstr (= 16 M).

47.-51. Rd: Kraus rechts str.

52. Rd: Jede 3. und 4. M links zusammenstr (= 12 M).

53.-56. Rd: Kraus rechts str.

57. Rd: Jede 2. und 3. M rechts zusammenstr (= 8 M).

58.+59. Rd: Kraus rechts str.

60. Rd: Jeweils 2 M links zusammenstr (= 4 M).

Den Faden abschneiden und durch die restlichen M ziehen.

Fertigstellen

Siehe auch Basisanleitung Seite 2-5.
Bis auf den Anschlagfaden alle Fäden vernähen. Den Stamm in der 10. Rd in Marone abbinden, vor dem Festziehen den Baumkörper mit Füllwatte ausstopfen. Den Stamm ausstopfen und mit dem Anschlagfaden die untere Öffnung schließen. Die Rüschen werden von oben nach unten gestrickt, dafür den Tannenbaum umdrehen und mit der Spitze nach unten arb. Für die untere Rüsche die 4 Spielnd nacheinander zwischen die 1. und 2. Kraus-rechts-Rippe schieben (siehe Basisanleitung, Seite 5) und in Rd str (= 36 M), dabei von unten nach oben str. Den Rd-Anfang bildet die hintere Mitte.

1. Rd (Tannenbaum): Rechte M str.

2. Rd: Jede M verdoppeln.

3. Rd: Linke M str.

4. Rd: Rechte M str und dabei alle M abk.

Weitere Rüschen zwischen der 5. und 6. Rippe über 32 M, zwischen der 9. und 10. Rippe über 28 M, zwischen der 13. und 14. Rippe über 24 M und zwischen der 17. und 18. Rippe über 16 M ebenso wie die erste Rüsche str. Alle Fäden vernähen.

GRÖSSE
ca. 14 cm

MATERIAL
- Schachenmayr Catania (LL 125 m/50 g) in Tannenbaum (Fb 419) und Marone (Fb 157), Reste
- Nadelspiel 3,0 mm
- Füllwatte zum Ausstopfen
- Wollnadel zum Vernähen

MASCHENPROBE
Glatt rechts mit Nd 3,0 mm 26 M und 36 R = 10 cm x 10 cm

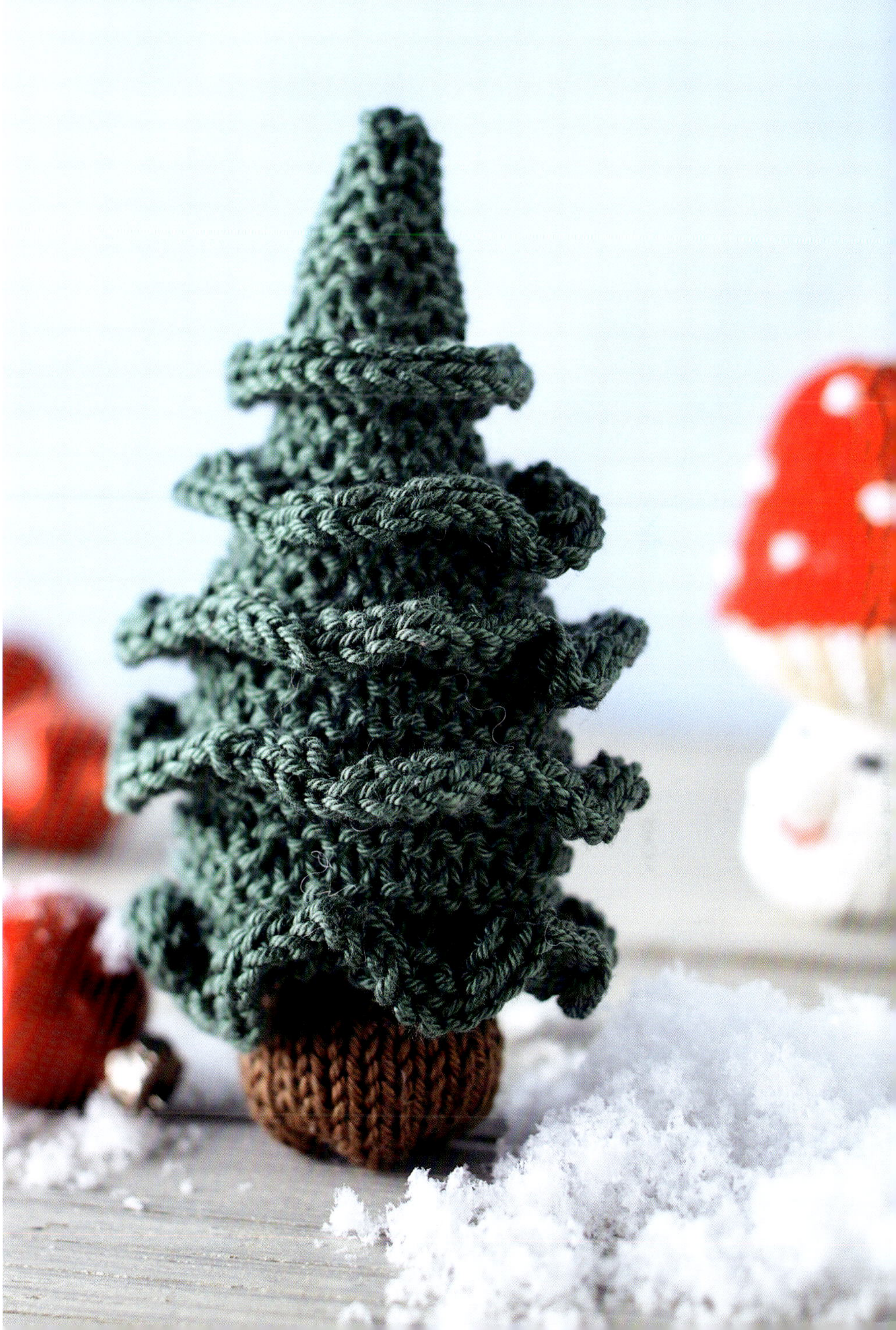

Gustav und Tilda

doppelt gehoppelte Spuren im Schnee

GRÖSSE

Gustav (kleiner Schneehase): ca. 14 cm

Tilda (großer Schneehase): ca. 16 cm

MATERIAL

- Nadelspiel 3,0 mm
- Füllwatte zum Ausstopfen
- Wollnadel zum Vernähen

GUSTAV

- Schachenmayr Catania (LL 125 m/50 g) in Natur (Fb 105), Malve (Fb 399), Vintage (Fb 423) und Schwarz (Fb 110), Reste
- Schachenmayr Baby Smiles Lenja Soft (LL 85 m/25 g) in Natur (Fb 1002), Rest

TILDFA

- Schachenmayr Catania (LL 125 m/50 g) in Natur (Fb 105), Gold (Fb 249), Vintage (Fb 423) und Schwarz (Fb 110), Reste
- Schachenmayr Baby Smiles Lenja Soft (LL 85 m/25 g) in Natur (Fb 1002), Rest

MASCHENPROBE

Glatt rechts mit Nd 3,0 mm
26 M und 36 Rd = 10 cm x 10 cm

Glatt rechts

In Rd alle M rechts str.

Kraus rechts

In Hin- und Rückr rechte M str, bzw. in Rd 1 Rd rechts M, 1 Rd linke M im Wechsel str.

Gustav

Körper

Mit Catania in Natur 28 M anschl, gleichmäßig auf 4 Spielnd verteilen (= 7 M je Nd) und zur Rd schließen. Der Rd-Anfang liegt in der hinteren Mitte.

Pfoten

1.-7. Rd: Glatt rechts str.

Beine

5.-9. Rd (Lenja Soft, Natur): Glatt rechts str

Hose

10.+11. Rd (Malve): Kraus rechts str.
12.-18. Rd: Glatt rechts str.
19.-22. Rd: Kraus rechts str.

Oberteil

23.-32. Rd (Lenja Soft, Natur): Glatt rechts str.

Kopf

33.-42. Rd (Catania, Natur): Glatt rechts str.
43. Rd: 4x jede 6. und 7. M rechts zusammenstr (= 24 M).
44. Rd: 4x jede 5. und 6. M rechts zusammenstr (= 20 M).
45. Rd: 4x jede 4. und 5. M rechts zusammenstr (= 16 M).
46. Rd: 4x jede 3. und 4. M rechts zusammenstr (= 12 M).
47. Rd: 4x jede 2. und 3. M rechts zusammenstr (= 8 M).
Den Faden abschneiden und durch die restlichen M ziehen.

Ohren (2x)

Durch die seitlichen 4 M der 46. Rd je eine Spielnd schieben (siehe Basisanleitung, Seite 5) und in R von oben nach unten kraus rechts str.
1.-3. R (Catania, Natur): Kraus rechts str.
4. R: 1 M rechts, 2x 1 M verdoppeln, 1 M rechts (= 6 M).
5.-14. R: Kraus rechts str.
15. R: 2 M rechts, 2 M rechts zusammenstr, 2 M rechts (= 5 M).
16.-20. R: Kraus rechts str.
21. R: 1 M rechts, 2 M rechts zusammenstr, 2 M rechts (= 4 M).
22.-24. R: Kraus rechts str.
25. R: 1 M rechts, 2 M rechts zusammenstr, 1 M rechts (= 3 M).
26.-28. R: Kraus rechts str.
29. R: 3 M rechts überzogen zusammenstr (= 1 M wie zum Rechtsstr abheben, 2 M rechts zusammenstr, die abgehobene M überziehen) (= 1 M).
Den Faden abschneiden und durch die letzte M ziehen.

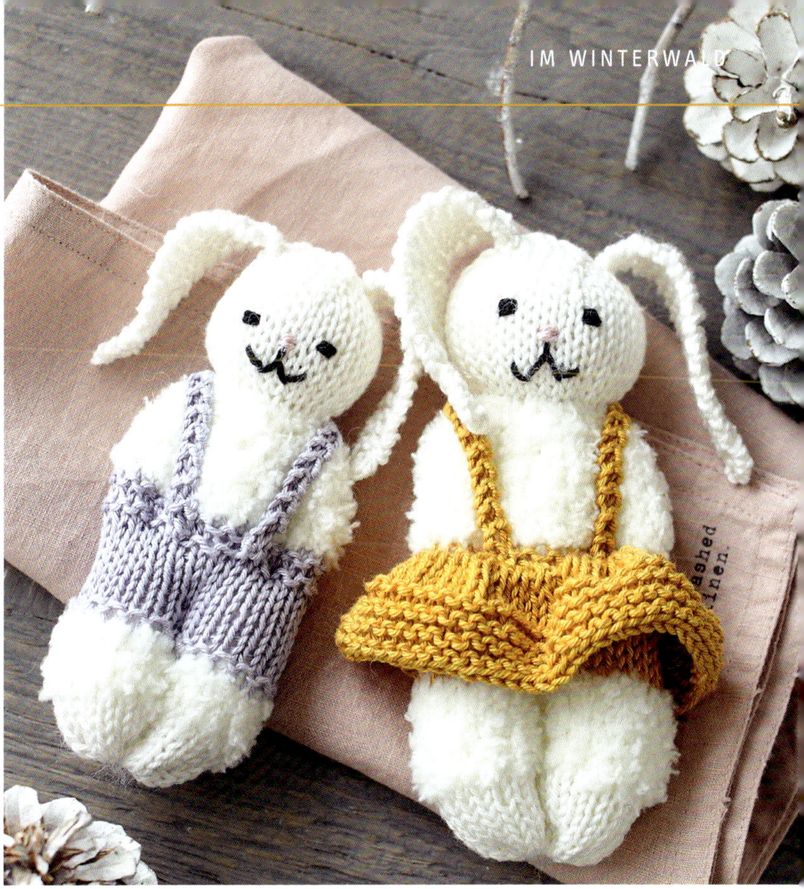

Fertigstellen

Siehe auch Basisanleitung Seite 2-5. Bis auf den Anschlagfaden alle Fäden vernähen. Den Kopf in der 1. Rd des Kopfes mit Catania in Natur abbinden, vor dem Festziehen den Kopf mit Füllwatte ausstopfen. Die Fäden nicht abschneiden, sie werden noch zum Abnähen der Arme benötigt. Den Körper ausstopfen und mit dem Anschlagfaden die untere Öffnung schließen. Den Faden nicht abschneiden, sondern mittig bis zur 4. Rd des glatt rechts gestrickten Teils der Hose die Beine markieren. Mit dem Abbindefaden des Kopfes seitlich des Körpers die Arme abnähen, dabei von der hinteren Mitte aus die M wie folgt einteilen: 3,5 M für die erste Hälfte des Rückenteils, 7 M für den ersten Ärmel, 7 M für das Vorderteil, 7 M für den zweiten Ärmel und 3,5 M für die zweite Hälfte des Rückenteils. Die Arme von der drittletzten Rd des Oberteils bis unterhalb des Hosenbündchens abnähen. Für den Hosenträger eine Spielnd in die beiden äußeren M der obersten Hosen-Rd des Rückenteils schieben und in R kraus rechts str. Den Träger so lang str, dass er diagonal über den Rücken, über die Schulter bis auf den vorderen Hosenbund reicht. Die beiden M abk und den Träger annähen. Den zweiten Hosenträger ebenso str.

Die Augen in Schwarz mittig in die 6. Rd des Gesichts mit 4 M Abstand aufsticken. In Vintage und Schwarz 1 Rd tiefer mittig dazwischen Nase und Mund aufsticken.

Tilda

Körper

Mit Catania in Natur 32 M anschl, gleichmäßig auf 4 Spielnd verteilen (= 8 M je Nd) und zur Rd schließen.

Pfoten

1.-6. Rd: Glatt rechts str.

Beine

7.-14. Rd (Lenja Soft, Natur): Glatt rechts str.

Hose

15.-22. Rd (Gold): Glatt rechts str.
23.-26. Rd: Kraus rechts str.

Oberteil

27.-38. Rd (Lenja Soft, Natur): Glatt rechts str.

Kopf

39.-50. Rd (Catania, Natur): Glatt rechts str.
52. Rd: 4x jede 7. Und 8. M rechts zusammenstr (= 28 M).
53. Rd: 4x jede 6. und. 7. M rechts zusammenstr (= 24 M).

... weiter geht es auf Seite 34

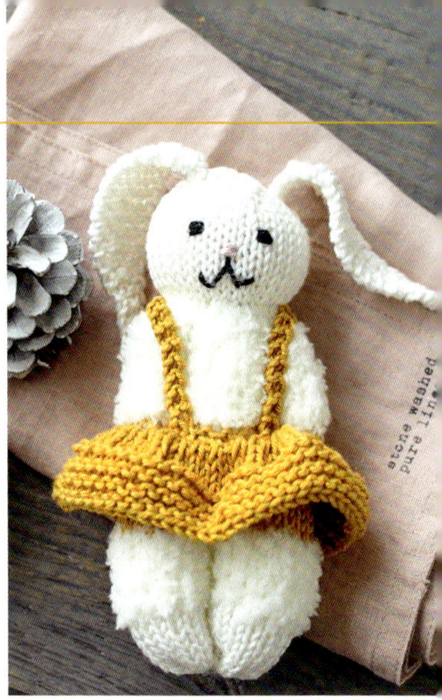

54. Rd: 4x jede 5. und. 6. M rechts zusammenstr (= 20 M).
55. Rd: 4x jede 4. und. 5. M rechts zusammenstr (= 16 M).
56. Rd: 4x jede 3. und. 4. M rechts zusammenstr (= 12 M).
57. Rd: 4x jede 2. und. 3. M rechts zusammenstr (= 8 M).
Den Faden abschneiden und durch die restlichen M ziehen.

Rock

Zwischen die beiden Rippen an der oberen Hosenkante nacheinander die 4 Spielnd schieben (siehe Basisanleitung, Seite 5) und in Rd str (= 32 M). Den Rd-Anfang bildet die hintere Mitte.
1. Rd (Gold): Rechte M str.
2. Rd: Jede M verdoppeln (= 64 M).
3.-5. Rd: Glatt rechts str.
6.-14. Rd: Kraus rechts str, dabei in der letzten Rd alle M abk.

Ohren (2x)

Durch die seitlichen 3 M der 46. Rd je eine Spielnd schieben (siehe Basisanleitung, Seite 5) und in R von oben nach unten kraus rechts str.
1. R (Catania, Natur): Kraus rechts str.
2. R: 1 M verdoppeln, 1 M rechts, 1 M verdoppeln (= 5 M).
3. R: Kraus rechts str.
4. R: 2 M rechts, 1 M verdoppeln, 2 M rechts (= 6 M).
5.-7. R: Kraus rechts str.
8. R: 3 M rechts, 1 M verdoppeln, 2 M rechts (= 7 M).
9.-18. R: Kraus rechts str.
19. R: 2 M rechts, 2 M rechts zusammenstr, 3 M rechts (= 6 M).
20.-24. R: Kraus rechts str.
25. R: 2 M rechts, 2 M rechts zusammenstr, 2 M rechts (= 5 M).
26.-28. R: Kraus rechts str.
29. R: 1 M rechts, 2 M rechts zusammenstr, 2 M rechts (= 4 M).
30.-32. R: Kraus rechts str.
33. R: 1 M rechts, 2 M rechts zusammenstr, 1 M rechts (= 3 M).
34.-36. R: Kraus rechts str.
37. R: 3 M rechts überzogen zusammenstr (= 1 M wie zum Rechtsstr abheben, 2 M rechts zusammenstr, die abgehobene M überziehen) (= 1 M).
Den Faden abschneiden und durch die letzte M ziehen.

Fertigstellen

Siehe auch Basisanleitung Seite 2-5. Bis auf den Anschlagfaden alle Fäden vernähen. Den Kopf in der 1. Rd des Kopfes in Catania, Natur, abbinden, vor dem Festziehen den Kopf mit Füllwatte ausstopfen. Die Fäden nicht abschneiden, sie werden noch zum Abnähen der Arme benötigt. Den Körper ausstopfen und mit dem Anschlagfaden die untere Öffnung schließen. Den Faden nicht abschneiden, sondern mittig bis zur 4. Rd der Hose die Beine markieren. Mit dem Abbindefaden des Kopfes useitlich des Körpers die Arme abnähen, dabei von der hinteren Mitte aus die M wie folgt ein-
teilen: 4 M für die erste Hälfte des Rückenteils, 8 M für den ersten Ärmel, 8 M für das Vorderteil, 8 M für den zweiten Ärmel und 4 M für die zweite Hälfte des Rückenteils.
Die Arme von der drittletzten Rd des Oberteils bis zum Beginn des Rocks abnähen. Für den Träger eine Spielnd in die letzte Rd des Rocks an den äußeren Seiten des Rückenteils schieben und in R kraus rechts str. Den Träger so lang str, dass er diagonal über den Rücken, über die Schulter bis auf den vorderen Rockbund reicht. Die beiden M abk und den Träger annähen. Den zweiten Träger ebenso str.
Die Augen in Schwarz mittig in die 8. Rd des Gesichts mit 4 M Abstand aufsticken. In Vintage und Schwarz 2 Rd tiefer mittig dazwischen Nase und Mund aufsticken.

Lilly und Lasse

Glückspilze (nicht mit Glückskeksen verwechseln!)

GRÖSSE

Lilly (schmaler Fliegenpilz): ca. 10 cm hoch

Lasse (breiter Fliegenpilz): ca. 9 cm hoch

MATERIAL

- Nadelspiele 3,0 mm und 3,5 mm
- Füllwatte zum Ausstopfen
- Wollnadel zum Vernähen

LILLY

- Schachenmayr Catania (LL 125 m/50 g) in Signalrot (Fb 115), Natur (Fb 105), Sand (Fb 404) und Schwarz (Fb 110), Reste

LASSE

- Schachenmayr Catania (LL 125 m/50 g) in Signalrot (Fb 115), Natur (Fb 105), Sand (Fb 404) und Schwarz (Fb 110), Reste

MASCHENPROBE

Glatt rechts mit Nd 3,0 mm
26 M und 36 Rd = 10 cm x 10 cm

Glatt rechts

In Rd alle M rechts str.

Kraus rechts

In Rd 1 Rd rechte M, 1 Rd linke M im Wechsel str.

1 Noppe

Aus der nächsten M 1 M rechts, 1 M rechts verschränkt, 1 M rechts, 1 M rechts verschränkt, 1 M rechts herausstr. Die Arbeit wenden. 5 M links, wenden, 5 M rechts, wenden, 5 M links, wenden, 5 M rechts str. Dann nacheinander die 2., 3., 4. und 5. M über die 1. M ziehen.

Lilly

In Natur 20 M anschl, gleichmäßig auf 4 Spielnd verteilen (= 5 M je Nd) und zur Rd schließen. Den Rd-Anfang bildet die hintere Mitte.

Stiel

1.-9. Rd: Glatt rechts str.
10. Rd: Die 10. M verdoppeln (= 21 M).
11. Rd: 1 Noppe (= Nase) in die 11. M str.
12. Rd: Die 10. und 11. M rechts zusammenstr (= 20 M).
13.-19. Rd: Glatt rechts str.

... weiter geht es auf Seite 36

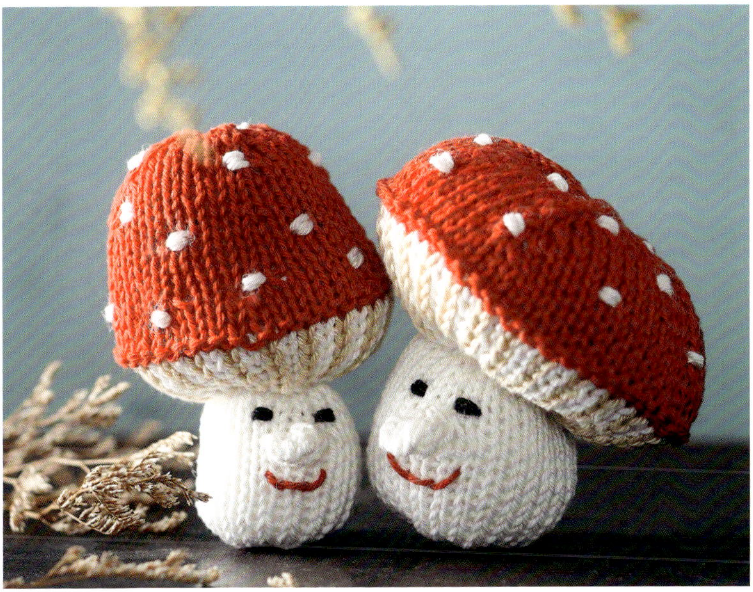

Hut

20. Rd: Jede M verdoppeln (= 40 M).
21.-26. Rd: Mit Ndspiel 3,5 mm glatt rechts in Jacquardtechnik im Wechsel 1 M in Natur und 1 M in Sand str (= Lamellen).
27.-28. Rd (Signalrot): Mit Ndspiel 3,0 mm kraus rechts str.
29.-31. Rd: Glatt rechts str.
32. Rd: 8x jede 4. und 5. M rechts zusammenstr (= 32 M).
33.-37. Rd: Glatt rechts str.
38. Rd: 4x jede 7. und 8. M rechts zusammenstr (= 28 M).
39.-41. Rd: Glatt rechts str.
42. Rd: 4x jede 6. und 7. M rechts zusammenstr (= 24 M).
43. Rd: Glatt rechts str.
44. Rd: 4x jede 5. und 6. M rechts zusammenstr (= 20 M).
45. Rd: Glatt rechts str.
46. Rd: 4x jede 4. und 5. M rechts zusammenstr (= 16 M).
47. Rd: 4x jede 3. und 4. M rechts zusammenstr (= 12 M).
48. Rd: 4x jede 2. und 3. M rechts zusammenstr (= 8 M).
Den Faden großzügig abschneiden, durch die restlichen M nach innen bis durch die untere Öffnung ziehen.

Fertigstellen

Siehe auch Basisanleitung Seite 2-5.
Den Hut locker mit Füllwatte ausstopfen und formen. Einen Faden in Natur durch die 9. Rd des Stiels fädeln und festziehen. Das Unterteil mit Füllwatte ausstopfen. Mit dem Anschlagfaden die untere Öffnung schließen und den Abschlussfaden in Signalrot mit vernähen, vorher den Pilz in Form bringen.
Die Augen in Schwarz vorne mittig in die 14. Rd, 2 M voneinander entfernt, aufsticken. Den Mund in Signalrot über die mittleren 3 M der 8.-9. Rd aufsticken. Die Punkte in Natur gleichmäßig verteilt auf das Oberteil sticken.

Lasse

In Natur 28 M anschl, gleichmäßig auf 4 Spielnd verteilen (= 7 M je Nd) und zur Rd schließen. Den Rd-Anfang bildet die hintere Mitte.

Stiel

1.-10. Rd: Glatt rechts str.
11. Rd: Die 14. M verdoppeln (= 29 M).
12. Rd: 1 Noppe (= Nase) in die 15. M str.
13. Rd: Die 14. und 15. M rechts zusammenstr (= 28 M).
14.-20. Rd: Glatt rechts str.

Hut

21. Rd: Jede M verdoppeln (= 56 M).
22.-28. Rd: Mit Ndspiel 3,5 mm glatt rechts in Jacquardtechnik im Wechsel 1 M in Natur und 1 M in Sand str (= Lamellen).
29.-30. Rd (Signalrot): Mit Ndspiel 3,0 mm kraus rechts str.
31.-33. Rd: Glatt rechts str.
34. Rd: 4x jede 13. und 14. M rechts zusammenstr (= 52 M).
35. Rd: Glatt rechts str.
36. Rd: 4x jede 12. und 13. M rechts zusammenstr (= 48 M).
37. Rd: Glatt rechts str.
38. Rd: 4x jede 11. und 12. M rechts zusammenstr (= 44 M).
39. Rd: Glatt rechts str.
40. Rd: 4x jede 10. und 11. M rechts zusammenstr (= 40 M).
41. Rd: 4x jede 9. und 10. M rechts zusammenstr (= 36 M).
42. Rd: 4x jede 8. und 9. M rechts zusammenstr (= 32 M).
43. Rd: 4x jede 7. und 8. M rechts zusammenstr (= 28 M).
44. Rd: 4x jede 6. und 7. M rechts zusammenstr (= 24 M).
45. Rd: 4x jede 5. und 6. M rechts zusammenstr (= 20 M).
46. Rd: 4x jede 4. und 5. M rechts zusammenstr (= 16 M).
47. Rd: 4x jede 3. und 4. M rechts zusammenstr (= 12 M).
43. Rd: 4x jede 2. und 3. M rechts zusammenstr (= 8 M).
Den Faden großzügig abschneiden, durch die restlichen M nach innen bis durch die untere Öffnung ziehen.

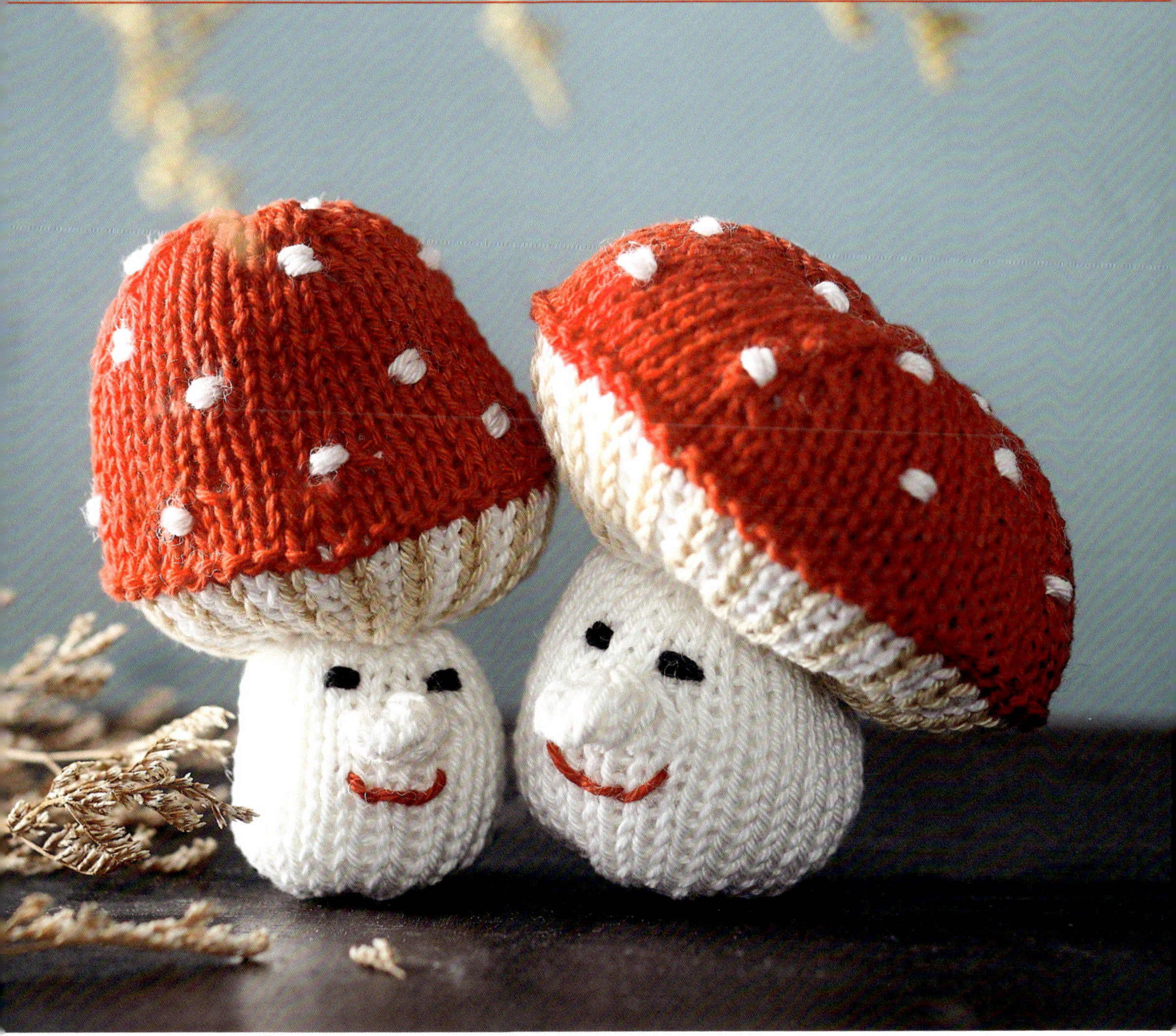

Fertigstellen

Siehe auch Basisanleitung Seite 2-5. Den Hut locker mit Füllwatte ausstopfen und formen. Einen Faden in Natur durch die 20. Rd fädeln und festziehen. Den Stiel mit Füllwatte ausstopfen. Mit dem Anschlagfaden die untere Öffnung schließen und den Abschlussfaden Signalrot mit vernähen, vorher den Pilz in Form bringen.

Die Augen in Schwarz vorne mittig in die 15. Rd, 2 M voneinander entfernt, aufsticken. Den Mund in Signalrot über die mittleren 3 M der 8.-10. Rd aufsticken. Die Punkte in Natur gleichmäßig verteilt auf den Hut sticken.

Wichtelkinder

wuselige Minis mit ausgeprägtem Spieltrieb

GRÖSSE

Ole mit der Streifenmütze: ca. 16 cm

Stina mit dem roten Kleid: ca. 14 cm

Vanja mit dem Cape: ca. 19 cm

MATERIAL

- Nadelspiel 3,0 mm
- Füllwatte zum Ausstopfen
- Wollnadel zum Vernähen
- Wattestäbchen
- Rouge

OLE

- Schachenmayr Catania (LL 125 m/50 g) in Kaffee (Fb 162), Jaffa (Fb 189), Himbeer (Fb 256), Moos (Fb 412), Deep Amber (Fb 438) und Schwarz (Fb 110), Reste
- Glöckchen, ø ca. 1 cm

STINA

- Schachenmayr Catania (LL 125 m/50 g) in Stein (Fb 242), Himbeer (Fb 256), Moos (Fb 412), Tomate (Fb 390), Sun-Kissed (Fb 437) und Schwarz (Fb 110), Reste
- Föhn

VANJA

- Schachenmayr Catania (LL 125 m/50 g) in Anthrazit (Fb 429), Moos (Fb 412), Himbeer (Fb 256), Jaffa (Fb 189), Sun-Kissed (Fb 437), Kaffee (Fb 162) und Schwarz (Fb 110), Reste
- Maschenmarkierer
- Glöckchen, ø ca. 1 cm

MASCHENPROBE

Glatt rechts mit Nd 3,0 mm
26 M und 36 Rd = 10 cm x 10 cm

Glatt rechts

In Hinr rechte M, in Rückr linke M str, bzw. in Rd alle M rechts str.

Glatt links

In Rd alle M links str.

Kraus rechts

In Hin- und Rückr rechte M str, bzw. in Rd 1 Rd rechte M, 1 Rd linke M im Wechsel str.

Rippenmuster

In Rd 1 M rechts, 1 M links im Wechsel str.

Streifenfolge Mütze Ole

1 Rd Himbeer, 1 Rd Moos, 1 Rd Jaffa

I-Cord

4 M rechts str. * Die Arbeit nicht wenden, sondern die M an das andere Ende der Nd schieben. Der Arbeitsfaden liegt hinter der 4. M, den Faden wieder an den R-Anfang holen und die 4 M erneut rechts str, dabei nach der 1. M den Arbeitsfaden fest anziehen. Ab * fortlaufend wdh.

1 Masche linksgeneigt zunehmen

Mit der linken Nd von vorne unter dem Querfaden zwischen 2 M einstechen und diesen auf die Nd heben, so entsteht auf der linken Nd eine neue M. Diese M rechts verschränkt str.

1 Masche rechtsgeneigt zunehmen

Mit der linken Nd von hinten unter dem Querfaden zwischen 2 M einstechen und diesen auf die Nd heben, so entsteht auf der linken Nd eine neue M. Diese M rechts str.

Ole

Körper

In Kaffee 32 M anschl, gleichmäßig auf 4 Spielnd verteilen (= 8 M je Nd) und zur Rd schließen.

Schuhe

1.-5. Rd: Glatt rechts str.

Hose

6.-17. Rd: Glatt rechts 1 Rd Jaffa und 1 Rd Himbeer im Wechsel str.

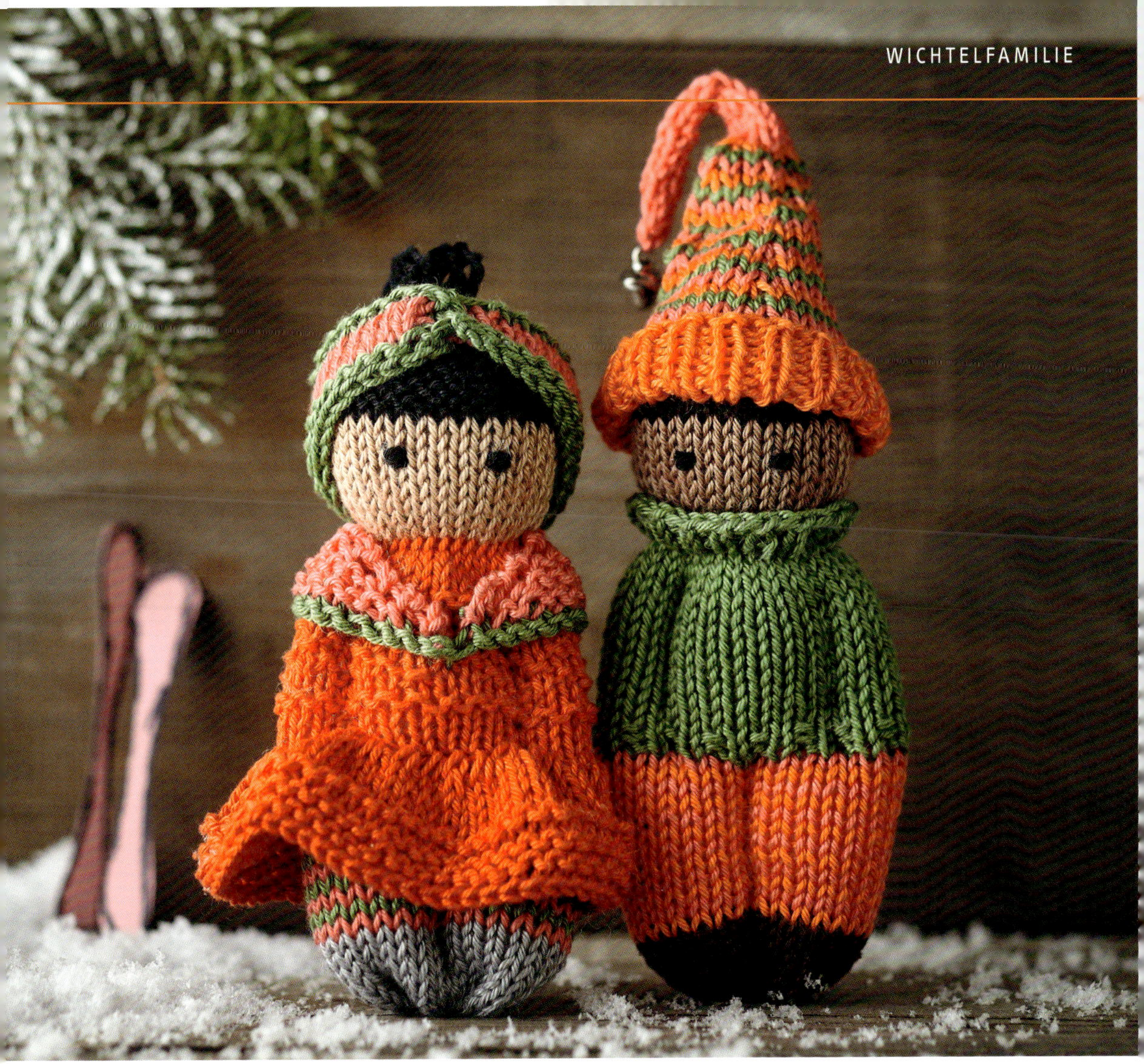

Pullover
18. Rd (Moos): Glatt rechts str.
19.+20. Rd: Im Rippenmuster str.
21.-33. Rd: Glatt rechts str.

Gesicht
34.-41. Rd (Deep Amber): Glatt rechts str.

Haare
42.-45. Rd (Schwarz): Glatt rechts str.
46. Rd: 4x jede 7. und 8. M rechts zusammenstr (= 28 M).
47. Rd: 4x jede 6. und 7. M rechts zusammenstr (= 24 M).
48. Rd: 4x jede 5. und 6. M rechts zusammenstr (= 20 M).
49. Rd: 4x jede 4. und 5. M rechts zusammenstr (= 16 M).
50. Rd: 4x jede 3. und 4. M rechts zusammenstr (= 12 M).
51. Rd: 4x jede 2. und 3. M rechts zusammenstr (= 8 M).
Den Faden abschneiden und durch die restlichen M nach innen ziehen.

... weiter geht es auf Seite 40

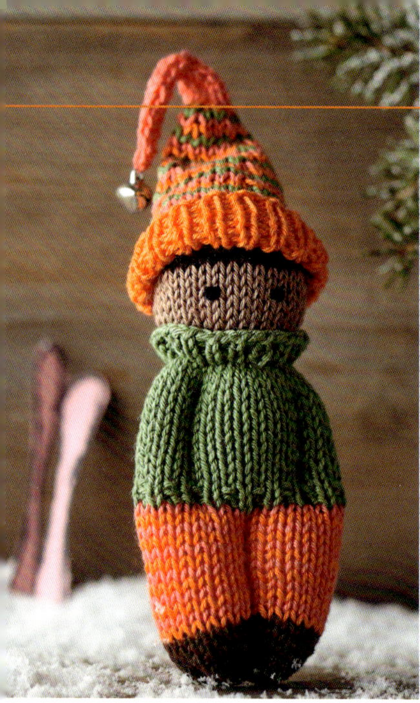

Rollkragen

Durch die letzte Rd des Pullovers nacheinander die 4 Spielnd schieben (siehe Basisanleitung, Seite 5) und in Rd str (= 32 M). Den Rd-Anfang bildet die hintere Mitte.

1.-3. Rd (Moos): Im Rippenmuster str, dabei in der 3. Rd alle M abk.

Mütze

In Jaffa 34 M anschl, gleichmäßig auf 4 Spielnd verteilen (= 8-9-8-9 M je Nd) und zur Rd schließen.

1.-11. R: Im Rippenmuster str.

12. Rd: 2x jede 16. und 17. M rechts zusammenstr (= 32 M).

Ab jetzt die Streifenfolge einhalten (siehe oben).

13.+14. Rd: Glatt rechts str.

15. Rd: 4x jede 7. und 8. M rechts zusammenstr (= 28 M).

16.-18. Rd: Glatt rechts str.

19. Rd: 4x jede 6. und 7. M rechts zusammenstr (= 24 M).

20.-22. Rd: Glatt rechts str.

23. Rd: 4x jede 5. und 6. M rechts zusammenstr (= 20 M).

24.-26. Rd: Glatt rechts str.

27. Rd: 4x jede 4. und 5. M rechts zusammenstr (= 16 M).

28.-30. Rd: Glatt rechts str.

31. Rd: 4x jede 3. und 4. M rechts zusammenstr (= 12 M).

32.-34. Rd: Glatt rechts str.

35. Rd (Himbeer): 4x jede 2. und 3. M rechts zusammenstr (= 8 M).

36.-39. Rd: Glatt rechts str.

40. Rd: 4x 2 M rechts zusammenstr (= 4 M) und auf eine Spielnd heben.

41.-49. Rd: I-Cord str.

50. Rd: 2x 2 M rechts zusammenstr, die M zurück an den Nd-Anfang schieben, 2 M rechts zusammenstr. Den Faden abschneiden und durch die letzte M ziehen. Das Glöckchen auf das Fadenende ziehen und den Faden nach innen ziehen.

Fertigstellen

Siehe auch Basisanleitung Seite 2-5. Bis auf den Anschlagfaden alle Fäden vernähen. Den Kopf in der letzten Rd des Pullovers, in die auch der Rollkragen gestrickt wurde, in Moos abbinden, vor dem Festziehen den Kopf mit Füllwatte ausstopfen. Die Fäden nicht abschneiden, sie werden noch zum Abnähen der Arme benötigt. Den Körper ausstopfen und mit dem Anschlagfaden die untere Öffnung schließen. Den Faden nicht abschneiden, sondern mittig bis zur 17. Rd die Hose markieren. Mit dem Abbindefaden des Kopfes seitlich des Körpers die Arme abnähen, dabei von der hinteren Mitte aus die M wie folgt einteilen: 4 M für die erste Hälfte des Rückenteils, 8 M für den ersten Ärmel, 8 M für das Vorderteil, 8 M für den zweiten Ärmel und 4 M für die zweite Hälfte des Rückenteils. Die Arme von der drittletzten Rd des Oberteils bis zur 18. Rd abnähen. Die Augen in Schwarz mittig in die 6. Rd des Kopfes mit 4 M Abstand aufsticken. Das Rippenbündchen der Mütze mittig nach außen falten. Mit dem Wattestäbchen etwas Rouge auf die Wangen auftragen.

Stina

Körper

In Stein 32 M anschl, gleichmäßig auf 4 Spielnd verteilen (= 8 M je Nd) und zur Rd schließen.

Schuhe

1.-5. Rd: Glatt rechts str.

Strumpfhose

6.-17. Rd: Glatt rechts 1 Rd Himbeer und 1 Rd Moos im Wechsel str.

Oberteil

18.-21. Rd (Tomate): Glatt rechts str.

22. Rd: Linke M str.

23. Rd: Rechte M str.

24. Rd: * 1 M links, 3 M rechts, ab * fortlaufend wdh.
25. Rd: * 1 M rechts, 1 M links, ab * fortlaufend wdh.
26. Rd: * 2 M rechts, 1 M links, 1 M rechts, ab * fortlaufend wdh.
27. Rd: Wie die 25. Rd str.
28. Rd: Wie die 24. Rd str.
29. Rd: Rechte M str.
30. Rd: Linke M str.
31.-34. Rd: Glatt rechts str.

Gesicht

35.-42. Rd (Sun-Kissed): Glatt rechts str.

Haare

43.-46. Rd (Schwarz): Glatt links str.
47. Rd: 4x jede 7. und 8. M links zusammenstr (= 28 M).
48. Rd: 4x jede 6. und 7. M links zusammenstr (= 24 M).
49. Rd: 4x jede 5. und 6. M links zusammenstr (= 20 M).
50. Rd: 4x jede 4. und 5. M links zusammenstr (= 16 M).
51. Rd: 4x jede 3. und 4. M links zusammenstr (= 12 M).
52. Rd: 4x jede 2. und 3. M links zusammenstr (= 8 M).
Den Faden abschneiden und durch die restlichen M nach innen ziehen.

Rock

Durch die 1. Rd des Oberteils nacheinander die 4 Spielnd schieben (siehe Basisanleitung, Seite 5) und in Rd str (= 32 M). Den Rd-Anfang bildet die hintere Mitte.
1. Rd (Tomate): Jede M verdoppeln (= 64 M).
2.-4. Rd: Glatt rechts str.
5.-10. Rd: Kraus rechts str.
11. Rd: Rechte M str und dabei alle M abk.

Dreieckstuch

In Himbeer 3 M anschl und in R wie folgt kraus rechts str.
1. R: 1 M rechts, 1 U, 1 M rechts, 1 U, 1 M rechts (= 5 M).
2. R und alle weiteren Rückr: Alle M und U rechts str.
3. R: [1 M rechts, 1 U] 4x, 1 M rechts (= 9 M).
5. R: 1 M rechts, 1 U, 3 M rechts, 1 U, 1 M rechts, 1 U, 3 M rechts, 1 U, 1 M rechts (= 13 M).
7. R: 1 M rechts, 1 U, 5 M rechts, 1 U, 1 M rechts, 1 U, 5 M rechts, 1 U, 1 M rechts (= 17 M).
9. R: 1 M rechts, 1 U, 7 M rechts, 1 U, 1 M rechts, 1 U, 7 M rechts, 1 U, 1 M rechts (= 21 M).
10. R: 1 M rechts, 1 U, 9 M rechts, 1 U, 1 M rechts, 1 U, 9 M rechts, 1 U, 1 M rechts (= 25 M).
11. R: 1 M rechts, 1 U, 11 M rechts, 1 U, 1 M rechts, 1 U, 11 M rechts, 1 U, 1 M rechts (= 29 M).
12. R: 1 M rechts, 1 U, 13 M rechts, 1 U, 1 M rechts, 1 U, 13 M rechts, 1 U, 1 M rechts (= 33 M).
13.+14. R (Moos): Kraus rechts str, dabei in der 14. R alle M abk.

Stirnband

In Moos 34 M anschl und wie folgt str:
1. R (= Rückr): Rechte M str.
2.-5. R (Himbeer): Glatt rechts str.
6.-8. (Moos): Kraus rechts str, dabei in der 8. R alle M abk.
Das Stirnband mit der rechten Seite nach innen entlang der langen Seite zur Hälfte falten und zu einem Ring

... weiter geht es auf Seite 42

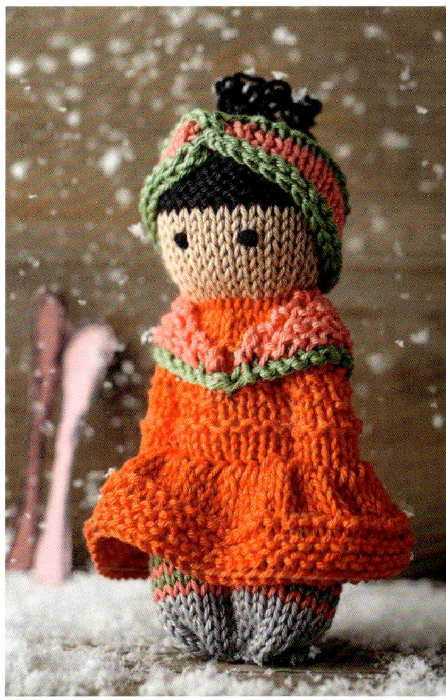

ineinanderschieben. Die Seitenkanten zusammennähen und dann auf rechts ziehen.

Fertigstellen

Siehe auch Basisanleitung Seite 2-5. Bis auf den Anschlagfaden alle Fäden vernähen. Den Kopf in der letzten Rd des Oberteils in Tomate abbinden, vor dem Festziehen den Kopf mit Füllwatte ausstopfen. Die Fäden nicht abschneiden, sie werden noch zum Abnähen der Arme benötigt. Den Körper ausstopfen und mit dem Anschlagfaden die untere Öffnung schließen. Den Faden nicht abschneiden, sondern mittig bis zur 17. Rd die Beine markieren. Mit dem Abbindefaden des Kopfes seitlich des Körpers die Arme abnähen, dabei von der hinteren Mitte aus die M wie folgt einteilen: 4 M für die erste Hälfte des Rückenteils, 8 M für den ersten Ärmel, 8 M für das Vorderteil, 8 M für den zweiten Ärmel und 4 M für die zweite Hälfte des Rückenteils. Die Arme von der drittletzten Rd des Oberteils bis zum Beginn des Oberteils abnähen. Die Augen in Schwarz mittig in die 6. Rd des Kopfes mit 4 M Abstand aufsticken. Das Tuch um das Oberteil legen und mit einigen Stichen festnähen. Für die Haare in Schwarz einen ca. 60 cm langen Faden anfeuchten und fest um eine Spielnd wickeln. Die Enden mit etwas Klebeband sichern. Den Faden mit einem Föhn auf der wärmsten Stufe trocknen, dann von der Nd lösen und in ca. 10 cm lange Stücke schneiden. Die Einzelfäden zusammenfassen und auf der Hälfte in Schwarz an die Oberseite des Kopfes nähen. Das Stirnband auf den Kopf ziehen. Mit etwas Rouge die Wangen andeuten.

Vanja

Körper

In Anthrazit 36 M anschl, gleichmäßig auf 4 Spielnd verteilen (= 9 M je Nd) und zur Rd schließen.

Schuhe

1.-6. Rd: Glatt rechts str.

Hose

7.-20. Rd (Moos): Glatt rechts str.

Pullover

21.-26. Rd (Jaffa): Kraus rechts str.
27.-40. Rd (Himbeer): Glatt rechts str.

Gesicht

41.-50. Rd (Sun-Kissed): Glatt rechts str.

Haare

51.-55. Rd (Kaffee): Glatt rechts str.
56. Rd: 4x jede 8. und 9. M links zusammenstr (= 32 M).
57. Rd: 4x jede 7. und 8. M links zusammenstr (= 28 M).
58. Rd: 4x jede 6. und 7. M links zusammenstr (= 24 M).
59. Rd: 4x jede 5. und 6. M links zusammenstr (= 20 M).
60. Rd: 4x jede 4. und 5. M links zusammenstr (= 16 M).
61. Rd: 4x jede 3. und 4. M links zusammenstr (= 12 M).
62. Rd: 4x jede 2. und 3. M links zusammenstr (= 8 M).
Den Faden abschneiden und durch die restlichen M nach innen ziehen.

Cape

Durch die letzte Rd des Oberteils nacheinander 3 Spielnd schieben (siehe Basisanleitung, Seite 5), dabei die vorderen mittleren 4 M frei lassen (= 32 M). In R von oben nach unten glatt rechts str.
1. R (Hinr; Himbeer): 3 M rechts, 1 M rechtsgeneigt zunehmen, M-Markierer einhängen, 1 M linksgeneigt zunehmen, 5 M rechts, 1 M rechtsgeneigt zunehmen, M-Markierer einhängen, 1 M linksgeneigt zunehmen, 6 M rechts,1 M rechtsgeneigt zunehmen, M-Markierer einhängen, 1 M linksgeneigt zunehmen, 5 M rechts, 1 M rechtsgeneigt zunehmen, M-Markierer einhängen, 1 M linksgeneigt zunehmen, 3 M rechts (= 40 M).
2. R (Rückr) und alle weiteren Rückr bis inkl. 12. R: In der Fb der jeweils vorherigen Hinr 2 M rechts, bis 2 M vor R-Ende links, 2 M rechts str.
3. R (Jaffa): [Bis zum nächsten M-Markierer rechts str, 1 M rechtsge-

neigt zunehmen, M-Markierer überhängen, 1 M rechts, M-Markierer überhängen, 1 M linksgeneigt zunehmen] 4x wdh, bis R-Ende rechts str (= 48 M).

5. R (Himbeer): Wie die 3. R str (= 56 M).

7. R (Jaffa): Wie 3. R str (= 64 M).

9. R (Himbeer): Wie die 3. R str (= 72 M).

11. R (Jaffa): Rechte M str.

13.-16. R (Himbeer): Kraus rechts str, dabei in der 16. R alle M abk.

Mütze

In Jaffa 38 M anschl, gleichmäßig auf 4 Spielnd verteilen (= 9-10-9-10 M je Nd) und zur Rd schließen.

1.-6. Rd: Kraus rechts str.

7. Rd (Himbeer): Glatt rechts str.

8. Rd: 2x jede 18. und 19. M rechts zusammenstr (= 36 M).

9. Rd: Glatt rechts str.

10. Rd: 4x jede 8. und 9. M rechts zusammenstr (= 32 M).

11.+12. Rd: Glatt rechts str.

13. Rd: 4x jede 7. und 8. M rechts zusammenstr (= 28 M).

14.+15. Rd: Glatt rechts str.

16. Rd: 4x jede 6. und 7. M rechts zusammenstr (= 24 M).

17.+18. Rd: Glatt rechts str.

19. Rd: 4x jede 5. und 6. M rechts zusammenstr (= 20 M).

20.+21. Rd: Glatt rechts str.

22. Rd: 4x jede 4. und 5. M rechts zusammenstr (= 16 M).

23.+24. Rd: Glatt rechts str.

25. Rd: 4x jede 3. und 4. M rechts zusammenstr (= 12 M).

26.+27. Rd: Glatt rechts str.

28. Rd: 4x jede 2. und 3. M rechts zusammenstr (= 8 M).

29.+30. Rd: Glatt rechts str.

Den Faden abschneiden und durch die M ziehen. Das Glöckchen auf das Fadenende ziehen und den Faden nach innen ziehen.

Fertigstellen

Siehe auch Basisanleitung Seite 2-5.
Bis auf den Anschlagfaden alle Fäden vernähen. Den Kopf in der letzten Rd des Oberteils in Himbeer abbinden, vor dem Festziehen den Kopf mit Füllwatte ausstopfen. Die Fäden nicht abschneiden, sie werden noch zum Abnähen der Arme benötigt.
Den Körper ausstopfen und mit dem Anschlagfaden die untere Öffnung schließen. Den Faden nicht abschneiden, sondern mittig bis zur 20. Rd die Beine markieren. Mit dem Abbindefaden des Kopfes seitlich des Körpers die Arme abnähen, dabei von der hinteren Mitte aus die M wie folgt einteilen: 4,5 M für die erste Hälfte des Rückenteils, 9 M für den ersten Ärmel, 9 M für das Vorderteil, 9 M für den zweiten Ärmel und 4,5 M für die zweite Hälfte des Rückenteils.
Die Arme von der drittletzten Rd des Oberteils bis zur 21. Rd abnähen.
Die Augen in Schwarz mittig in die 7. Rd des Kopfes mit 4 M Abstand aufsticken. Mit etwas Rouge die Wangen andeuten.

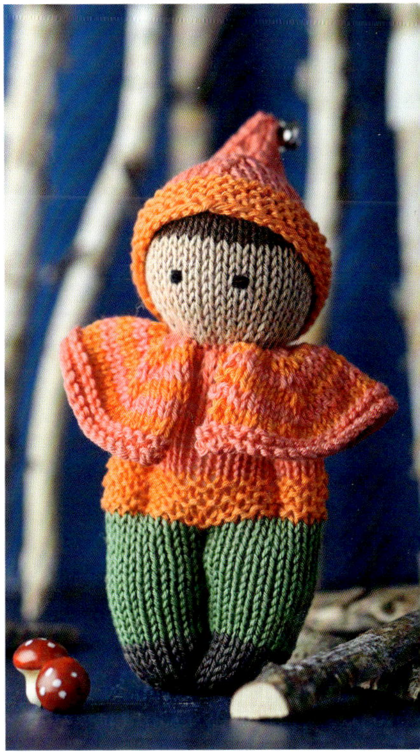

Knut

freut sich schon aufs nächste Weihnachtsfest

GRÖSSE

ca. 18 cm

MATERIAL

- Schachenmayr Catania (LL 125 m/50 g) in Kaffee (Fb 162), Moos (Fb 412), Weiß (Fb 106), Signalrot (Fb 115) und Schwarz (Fb 110), Reste
- Nadelspiel 3,0 mm
- Holzperle, ø 15 mm
- Füllwatte zum Ausstopfen
- Wollnadel zum Vernähen

MASCHENPROBE

Glatt rechts mit Nd 3,0 mm 26 M und 36 Rd = 10 cm x 10 cm

Glatt rechts

In Rd alle M rechts str.

Kraus rechts

In Rd 1 Rd rechte M, 1 Rd linke M im Wechsel str.

1 Noppe

Aus der nächsten M 1 M rechts, 1 M rechts verschränkt, 1 M rechts, 1 M rechts verschränkt, 1 M rechts herausstr. Die Arbeit wenden. 5 M links, wenden, 5 M rechts, wenden, 5 M links, wenden, 5 M rechts str. Dann nacheinander die 2., 3., 4. und 5. M über die 1. M ziehen.

1 Masche linksgeneigt zunehmen

Mit der linken Nd von vorne unter dem Querfaden zwischen 2 M einstechen und diesen auf die Nd heben, so entsteht auf der linken Nd eine neue M. Diese M rechts verschränkt str.

I-Cord

4 M rechts str. * Die Arbeit nicht wenden, sondern die M an das andere Ende der Nd schieben. Der Arbeitsfaden liegt hinter der 4. M, den Faden wieder an den R-Anfang holen und die 4 M erneut rechts str, dabei nach der 1. M den Arbeitsfaden fest anziehen. Ab * fortlaufend wdh.

Anleitung

In Kaffee 32 M anschl, gleichmäßig auf 4 Spielnd verteilen (= 8 M je Nd) und zur Rd schließen.

Stamm

1.-10. Rd: Glatt rechts str.

Körper

11. Rd (Moos): Glatt rechts str, dabei jede M verdoppeln (= 64 M).

12.-18. Rd: Glatt rechts str.

19. Rd: 4x jede 15. und 16. M rechts zusammenstr (= 60 M).

20.-21. Rd: Glatt rechts str.

22. Rd: 4x jede 14. und 15. M rechts zusammenstr (= 56 M).

23.-24. Rd: Glatt rechts str.

25. Rd: 4x jede 13. und 14. M rechts zusammenstr, dabei zwischen der 26. und 27. M 1 M linksgeneigt zunehmen (= 53 M).

26. Rd: 26 M rechts, 1 Noppe (= Nase), 26 M rechts str.

27. Rd: 4x jede 12. und 13. M rechts zusammenstr, dabei die Noppen-M mit der folgenden M rechts zusammenstr (= 48 M).

28. Rd: Glatt rechts str.

29. Rd: 4x jede 11. und 12. M rechts zusammenstr (= 44 M).

30. Rd: Glatt rechts str.

31. Rd: 4x jede 10. und 11. M rechts zusammenstr (= 40 M).

32. Rd: Glatt rechts str.

33. Rd: 4x jede 9. und 10. M rechts zusammenstr (= 36 M).

34. Rd: Glatt rechts str.

35. Rd: 4x jede 8. und 9. M rechts zusammenstr (= 32 M).

Mütze

36.-39. Rd (Weiß): Kraus rechts str.

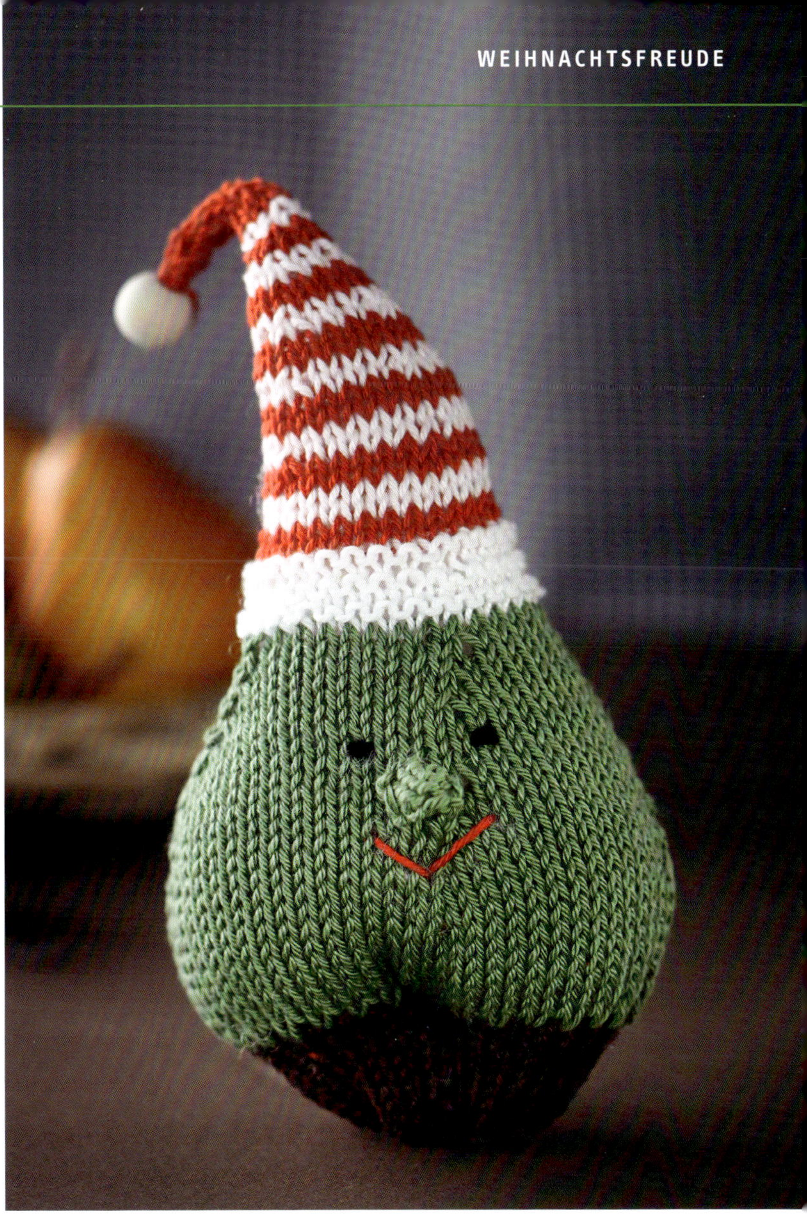

40. Rd: 4x jede 7. und 8. M rechts zusammenstr (= 28 M).
41. Rd: Kraus rechts str.
42.+43. Rd (Signalrot): Glatt rechts str.
44. Rd (Weiß): 4x jede 6. und 7. M rechts zusammenstr (= 24 M).
45. Rd: Glatt rechts str.
46.+47. Rd (Signalrot): Glatt rechts str.
48. Rd (Weiß): 4x jede 5. und 6. M rechts zusammenstr (= 20 M).
49. Rd: Glatt rechts str.
50.-51. Rd (Signalrot): Glatt rechts str.
52. Rd (Weiß): 4x jede 4. und 5. M rechts zusammenstr (= 16 M).
53. Rd: Glatt rechts str.
54.+55. Rd (Signalrot): Glatt rechts str.
56. Rd (Weiß): 4x jede 3. und 4. M rechts zusammenstr (= 12 M).
57. Rd: Glatt rechts str.
58.+59. Rd (Signalrot): Glatt rechts str.
60. Rd (Weiß): 4x jede 2. und 3. M rechts zusammenstr (= 8 M).
61. Rd: Glatt rechts str.
62.+63. Rd (Signalrot): Glatt rechts str.
64. Rd: Jeweils 2 M rechts zusammenstr und alle M auf 1 Spielnd heben (= 4 M).
65.-73. Rd: I-Cord str.
74. Rd: Alle M abk, dabei vor dem Abketten der M jeweils 2 M rechts zusammenstr.

Fertigstellen

Siehe auch Basisanleitung Seite 2-5. Die Holzperle auf den Endfaden fädeln und fest verknoten. Bis auf den Anschlagfaden alle Fäden vernähen. Körper und Stamm mit Füllwatte ausstopfen und mit dem Anschlagfaden die untere Öffnung schließen. Mittig über die Höhe des Stamms die Beine markieren. Die Augen in Schwarz vorne mittig in die 28. Rd, 4 M voneinander entfernt, aufsticken. Den Mund in Signalrot mittig unter der Nase von der 20.-22. Rd über jeweils 2,5 M nach außen aufsticken.

Väterchen Frost

zuständig für weißen Zauber von oben

GRÖSSE
ca. 14 cm

MATERIAL
- Schachenmayr Catania (LL 125 m/50 g) in Silber (Fb 172), Regatta (Fb 261), Weiß (Fb 106), Soft Apricot (Fb 263) und Schwarz (Fb 110), Reste
- Schachenmayr Baby Smiles Lenja Soft (LL 85 m/25 g) in Natur (Fb 1002), Rest
- Glitzerfaden in Silber
- Nadelspiel 3,0 mm
- Füllwatte zum Ausstopfen
- Wollnadel zum Vernähen
- Schaschlikspieß aus Holz
- Je 1 Holzperle, ø 10 mm und 15 mm
- Klebstoff

MASCHENPROBE
Glatt rechts mit Nd 3,0 mm
26 M und 36 R
= 10 cm x 10 cm

Glatt rechts
In Hinr rechte M, in Rückr linke M str, bzw. in Rd alle M rechts str.

Kraus rechts
In Hin- und Rückr rechte M str, bzw. in Rd 1 Rd rechte M, 1 Rd linke M im Wechsel str.

Anleitung

Körper
In Schwarz 32 M anschl, gleichmäßig auf 4 Spielnd verteilen (= 8 M je Nd) und zur Rd schließen.

Stiefel
1.-7. Rd: Glatt rechts str.
8.-11. Rd (Weiß): Kraus rechts str.

Hose
12.-17. Rd (Silber): Glatt rechts str.

Oberteil
18.-20. Rd (Lenja Soft, Natur): Glatt rechts str.
21.-34. Rd (Regatta): Glatt rechts str.

Gesicht
35.-42. Rd (Ivory): Glatt rechts str.

Haare
43.-46. Rd (Weiß): Glatt rechts str.
47. Rd: 4x jede 7. und. 8. M rechts zusammenstr (= 28 M).
48. Rd: 4x jede 6. und. 7. M rechts zusammenstr (= 24 M).
49. Rd: 4x jede 5. und. 6. M rechts zusammenstr (= 20 M).
50. Rd: 4x jede 4. und. 5. M rechts zusammenstr (= 16 M).
51. Rd: 4x jede 3. und. 4. M rechts zusammenstr (= 12 M).
52. Rd: 4x jede 2. und. 3. M rechts zusammenstr (= 8 M).
Den Faden abschneiden und durch die restlichen M ziehen.

Umhang
Durch die letzte Rd des Oberteils nacheinander 3 Spielnd schieben (siehe Basisanleitung, Seite 5), dabei die vorderen mittleren 4 M frei lassen (= 28 M). In R von oben nach unten wie folgt str:
1. R (Regatta): Rechte M str, dabei jede 4. M rechts verdoppeln (= 35 M).
2.-20. R: Die ersten und letzten 3 M jeder Rd kraus rechts, dazwischen alle M glatt rechts str.
21.-25. R (Lenja Soft): Über alle 35 M kraus rechts str, dabei in der letzten R alle M abk.
Mit Glitzerfaden in Silber gleichmäßig verteilt kleine Kreuze als Sterne aufsticken.

Bart
In die vorderen mittleren 8 M der 4. Rd des Gesichts eine Spielnd schieben und in R kraus rechts str:
1.-4. R: Kraus rechts str.
5. R: 1 M rechts, 2 M rechts überzogen zusammenstr, 2 M rechts, 2 M rechts zusammenstr, 1 M rechts (= 6 M).
6.-8. R: Kraus rechts str.

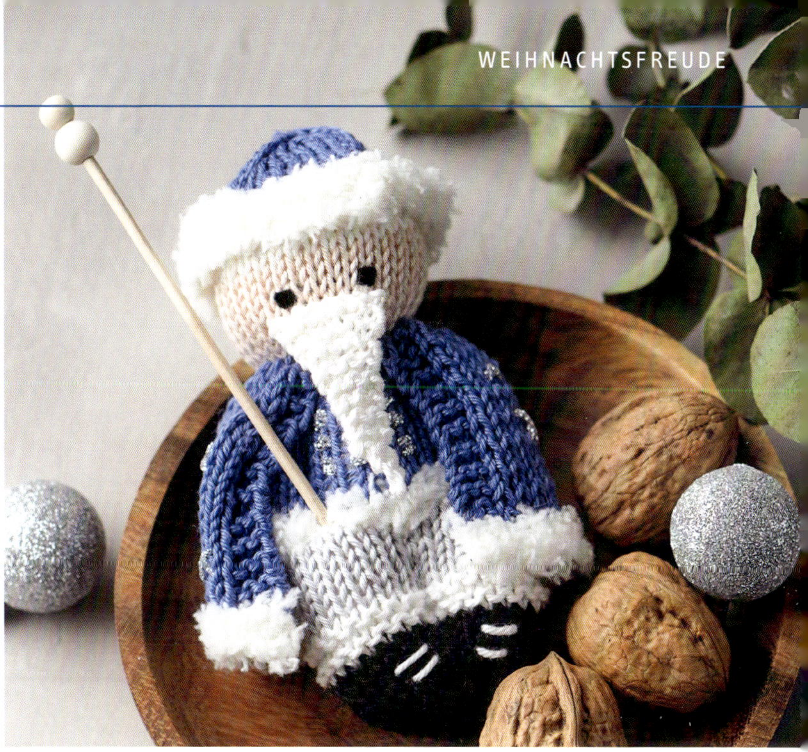

9. R: 1 M rechts, 2 M rechts überzogen zusammenstr, 2 M rechts zusammenstr, 1 M rechts (= 4 M).
10.-14. R: Kraus rechts str.
15. R: 1 M rechts, 2 M rechts überzogen zusammenstr, 1 M rechts (= 3 M).
16.-20. R: Kraus rechts str.
21. R: 2 M rechts zusammenstr, 1 M rechts (= 2 M).
22. R: Kraus rechts str.
23. R: 2 M rechts überzogen zusammenstr (= 1 M).
Den Faden abschneiden und durch die letzte M ziehen.

Mütze

Mit Lenja Soft in Natur 34 M anschl, gleichmäßig auf 4 Spielnd verteilen (= 8-9-8-9 M je Nd), zur Rd schließen und wie folgt in Rd str:
1.-4. Rd: Glatt rechts str.
5.-7. Rd (Regatta): Glatt rechts str.
8. Rd: 2x jede 16. und 17. M rechts zusammenstr (= 32).
9. Rd: 4x jede 7. und 8. M rechts zusammenstr (= 28 M).
10. Rd: 4x jede 6. und 7. M rechts zusammenstr (= 24 M).
11. Rd: 4x jede 5. und 6. M rechts zusammenstr (= 20 M).
12. Rd: 4x jede 4. und 5. M rechts zusammenstr (= 16 M).
13. Rd: 4x jede 3. und 4. M rechts zusammenstr (= 12 M).
14. Rd: 4x jede 2. und 3. M rechts zusammenstr (= 8 M).
Den Faden abschneiden und durch die restlichen M nach innen ziehen.

Fertigstellen

Siehe auch Basisanleitung Seite 2-5. Bis auf den Anschlagfaden alle Fäden vernähen. Den Kopf in der letzten Rd des Oberteils in Regatta abbinden, vor dem Festziehen den Kopf mit Füllwatte ausstopfen. Die Fäden nicht abschneiden, sie werden noch zum Abnähen der Arme benötigt. Den Körper ausstopfen und mit dem Anschlagfaden die untere Öffnung schließen. Den Faden nicht abschneiden, sondern mittig bis zum Beginn des Oberteils die Beine markieren. Mit dem Abbindefaden des Kopfes unterhalb des Umhangs seitlich des Körpers die Arme abnähen, dabei von der hinteren Mitte aus die M wie folgt einteilen: 4 M für die erste Hälfte des Rückenteils, 8 M für den ersten Ärmel, 8 M für das Vorderteil, 8 M für den zweiten Ärmel und 4 M für die zweite Hälfte des Rückenteils. Die Arme von der drittletzten Rd des Oberteils bis zum Beginn der Hose abnähen. Die Augen in Schwarz mittig in die 6. Rd des Gesichts mit 4 M Abstand aufsticken. Für die Knöpfe mit Glitzerfaden in Silber in der 23., 25. und 27. Rd vorne mittig zuerst über 2 M auf die gleiche Weise wie die Augen sticken, dann seitlich davon jeweils ein Maschenglied unbestickt lassen und dann noch jeweils über 1 M sticken. In Weiß vorne mittig über in der 3. und 4. Rd der Schuhe über 2 M kleine Schnürsenkel andeuten. Den Schaschlikspieß auf eine Länge von ca. 15 cm kürzen und auf ein Ende zuerst die große, dann die kleine Holzperle kleben.

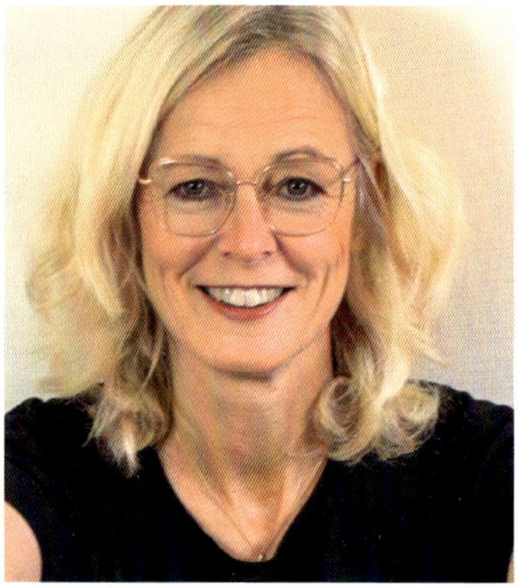

Brigitte Zimmermann strickt und häkelt für ihr Leben gern und hat das große Glück, ihr Hobby zum Beruf gemacht zu haben. Nach 15 Jahren als Produktentwicklerin und -designerin im Bereich Handstrickgarne entwickelt sie nun unter dem Pseudonym „knittygitti" eigene Designs, entwirft Strickteile für Magazine, leitet Workshops und Strickkurse und bietet Lektorate an. Sie hat drei erwachsene Kinder und lebt mit ihrem Mann in Ostwestfalen.

DANKE!

Wir danken den folgenden Firmen für die Unterstützung bei diesem Buch:
MEZ GmbH
www.schachenmayr.com
www.mezcrafts.com
Rayher Hobby GmbH
www.rayher.com

TOPP – Unsere Servicegarantie

WIR SIND FÜR SIE DA! Bei Fragen zu unserem umfangreichen Programm oder Anregungen freuen wir uns über Ihren Anruf oder Ihre Post. Loben Sie uns, aber scheuen Sie sich auch nicht, Ihre Kritik mitzuteilen – sie hilft uns, ständig besser zu werden.

Bei Fragen zu einzelnen Materialien oder Techniken wenden Sie sich bitte an unseren Kreativservice, Frau Erika Noll.
mail@kreativ-service.info
Telefon 07 11/12 37 57 20

Das Produktmanagement erreichen Sie unter:
pm@frechverlag.de
oder:
frechverlag
Produktmanagement
Dieselstraße 5
70839 Gerlingen
Telefon 07 11/8 30 86 68

LERNEN SIE UNS BESSER KENNEN! Fragen Sie Ihren Hobbyfach- oder Buchhändler nach unserem kostenlosen Magazin **Meine kreative Welt**. Darin entdecken Sie dreimal im Jahr die neuesten Kreativtrends und interessantesten Buchneuheiten.

Oder besuchen Sie uns im Internet! Unter **www.topp-kreativ.de** können Sie sich über unser umfangreiches Buchprogramm informieren, unsere Autoren kennenlernen sowie aktuelle Highlights und neue Kreativtechniken entdecken, kurz – die ganze Welt der Kreativität.

Kreativ immer up to date sind Sie mit unserem monatlichen **Newsletter**. Für aktuelle Infos, Gratis-Anleitungen und Gewinnspiele gleich anmelden unter **www.TOPP-kreativ.de/Newsletter**

IMPRESSUM

FOTOS: frechverlag GmbH, 70839 Gerlingen; lichtpunkt, Michael Ruder, Stuttgart
PRODUKTMANAGEMENT: Katrin Akyol, Eva Zirn
LEKTORAT: Regina Sidabras, Berlin
GESTALTUNG: Petra Theilfarth
DRUCK: POLYGRAF PRINT spol. s r.o.

1. Auflage 2023

ISBN 978-3-7358-7074-2 • Best.-Nr. 27074

MIX
Aus verantwortungsvollen Quellen
FSC® C023577
www.fsc.org

Penguin Random House Verlagsgruppe
FSC® N001967